AF450913

CÓMO PERJUDICARSE A UNO MISMO

SEBASTIÁN VÁZQUEZ

www.perjudicarseaunomismo.guiaburros.es

EDITATUM

Si después de leer este libro, lo ha considerado como útil e interesante, le agradeceríamos que hiciera sobre él una **reseña honesta en Amazon** y nos enviara un e-mail a **opiniones@guia-burros.com** para poder, desde la editorial, enviarle **como regalo otro libro de nuestra colección.**

Agradecimientos

Mi agradecimiento a todos aquellos que procuran hacer la vida mejor a los demás, a los que son generosos, a los comprensivos, a los tolerantes, a los que prefieren la justicia y la belleza, a los que prefieren el diálogo a la fuerza, a los que aspiran a la paz y al bien común, a los que aportan a la vida su condición de buenas personas, su sentido común, su inteligencia amplia, su humildad, su saber estar. Mi agradecimiento a todos ellos, tan importantes, tan necesarios, tan anónimos...

Y a mi familia y amigos por pertenecer a este colectivo.

Sobre el autor

 **Sebastián Vázquez** lleva vinculado al mundo del libro desde hace más de treinta años y es un estudioso del pensamiento heterodoxo y de las religiones, especialmente de las orientales y la egipcia.

Durante 20 años fue editor en Editorial EDAF de sus líneas de heterodoxia, salud natural y psicología humanista y fue director de Arca de Sabiduría, colección especializada en textos clásicos de las filosofías y religiones de Oriente. Ha colaborado en diversos medios de comunicación e imparte seminarios y conferencias regularmente.

Es autor de varios libros como *La Presencia de Dios*; *El tarot y los dioses egipcios*; *Enseñanzas de la Tradición Original*; *Guíaburros La salud emocional en tu empresa*, *Guíaburros Rutas por lugares míticos y sagrados de España*, *Guíaburros Budismo* y coautor de *Los 120 mejores cuentos de la tradición espiritual de Oriente*, *Los mejores cuentos de las tradiciones de Oriente* y *Rutas Sagradas*. Ha publicado las novelas *Por qué en tu nombre* y *El karma del inspector González*.

Desde hace diez años organiza viajes por España. Especialmente viaja a Egipto con pequeños grupos interesados en profundizar en el conocimiento de esta cultura.

Índice

Introducción

Todo el mundo conoce la casi inagotable capacidad que tiene el ser humano para perjudicarse a sí mismo. Sin embargo, muchas personas no se muestran capaces de alcanzar esta alta meta por más que se esfuerzan en conseguirlo. Parte de la culpa la tienen los agoreros y cenizos que se multiplican y que no hacen más que hablar, sin conocimiento alguno, de vivir con otra calidad de vida. Constantemente se refieren a la salud, tranquilidad, empatía, cultura, valores éticos y morales y un montón de tonterías por el estilo. ¡Allá ellos si desean conducir sus vidas por esos caminos erróneos!

Todos sabemos, y no hace falta más que observar lo que ocurre a nuestro alrededor, que los seres humanos, independientemente de lo que hipócritamente quieran mostrar en aras de la corrección social, prefieren el uso y abuso de conductas que les proporcionen un profundo deterioro vital aparejado con unas buenas dosis de infelicidad que, además, y esto es lo más importante, puedan presumir de habérsela ganado por ellos mismos con independencia de todo lo positivo y favorable que la vida les haya concedido y posean.

Por eso, hoy más que nunca, las gentes *normales*, las personas que hemos conocido y conocemos lo que en realidad significa *vivir bien y ser felices,* debemos unirnos ante el cercano peligro que representan estas dañinas ideas y los perniciosos defensores de otro tipo de vida alejada de nuestra sacrosanta tradición y de sus usos y costumbres.

Hay que resaltar que esta gente —que Dios los confunda— no se conforma en cuestionar el modo de vivir de las personas respetables como nosotros, sino que además se permite lanzar discursos irresponsables sobre cosas sobre las que no tienen ni idea. Por este motivo, considero preciso recordar modos, costumbres y actitudes sobre los que tenemos una evidente certeza de su efectividad cuando uno quiere perjudicarse a sí mismo con total eficacia.

He de advertir que este modesto autor, ni es psicólogo ni tiene ninguna acreditación que le faculte para dar ningún tipo de consejo respecto a cómo vivir mejor y, desde luego, carece de cualquier tipo de legitimación a la hora de facilitar reglas o preceptos vinculados a las nefandas tendencias *positivas* antes mencionadas pero, en cambio, las canas y la experiencia de la vida, si que le permiten *recomendar* ciertas actitudes y conductas para afrontar la vida del peor modo posible, garantizando y asegurando que, su estricto cumplimiento, logrará perjudicar la vida de cualquier persona por muy templada e inteligente que se crea.

Además, la evidencia muestra que son muy pocas las personas que tienen una *sincera y real aspiración a mejorar sus vidas* buscando un verdadero bienestar y felicidad y, se les nota, porque ponen los medios para hacerlo.

Podemos distinguirlas por:

— Se muestran siempre positivas.

— Prefieren la realidad a la fantasía.

— Buscan la estabilidad y el equilibrio interno y externo.

— Distinguen lo que les beneficia de lo que les perjudica.

— Son proactivas.

— No tienen temor al cambio.

— Procuran que los valores humanos estén presentes en sus vidas y en sus relaciones.

— Actúan con ética e intentan ser justos.

— Prefieren la educación, la cordialidad y la belleza.

— Son dialogantes, comprensivos y tolerantes.

— Buscan el bien común y prefieren la concordia.

— Procuran ser benéficos en su entorno.

Estas y otras conductas podemos encontrarlas en personas así, pero no son ellas las que nos interesan. Como hemos dicho antes, ¡allá ellos¡ Son mayoría, en cambio, las que buscan de un modo u otro, formas diversas de perjudicarse a sí mismas pero lo hacen de un modo chapucero, sin esmerarse ni dedicarse a conseguirlo de una manera continuada y profunda.

Para ellos sí es este libro, para que, siguiendo sus pautas y dedicando tiempo y esfuerzo a la tarea, logren al fin la alta meta de perjudicar su vida intensamente al punto de que ya no haya vuelta atrás y se alcance la autodestrucción definitiva.

Así que, bienvenidos al mundo de la insatisfacción, del malestar vital y de la infelicidad: en sus manos está lograrlo... o no. Usted decide.

Felicidad y bienestar o sus sucedáneos

Pues ya metidos en faena, aquí van los tres primeros consejos de obligado cumplimiento a la hora de perjudicarse aunque, como más adelante veremos, no son los únicos:

— **Auto-engáñese.**

— **Busque sucedáneos del bienestar y la felicidad.**

— **Consiga un alto nivel de estrés y ansiedad.**

El recurso del **autoengaño** es muy importante. Se trata de que los esfuerzos para perjudicarnos a nosotros mismos queden ocultos precisamente bajo la coartada de buscar la felicidad, eso sí, optando siempre por aquello que siempre resulte un sucedáneo y, por tanto, sea peor e imposibilite la conquista del verdadero bienestar y felicidad. Por ejemplo, si usted empieza a dormir mal porque se acuesta muy tarde y tiene malos hábitos de sueño, no ha de intentar corregirse y adoptar hábitos saludables para dormir bien, sino que debe seguir con sus hábitos insanos y empezar a consumir somníferos prefiriendo aquellos que le garanticen la adicción. Según puede observar, la excusa es fácil: como no duerme bien, usted busca su bienestar *ayudándose* con los somníferos. Y así con todo. Se trata de practicar y acostumbrarse siempre a aquello que resulte más nocivo para nuestra vida en todos los órdenes: de salud, emocionales, vitales, de relaciones...

Otro pilar fundamental en el arte del autoengaño es convencerse de que *no puedo cambiar, no sé cambiar* o, mejor aún, *no quiero cambiar.* Es obvio que mantenernos en actitudes y prácticas que nos perjudiquen implica no cambiar nunca y, por este motivo, es muy importante que usted siempre se niegue ante cualquier tipo de cambio apelando a esos *no sé, no puedo, no quiero* y manteniéndose firme en ellos.

He de advertir también que da igual que detrás de ese deseo de perjudicarse a uno mismo aparezca precisamente la excusa de la búsqueda de la felicidad o del bienestar. En realidad, manejar bien el arte de engañarse a uno mismo es un ingrediente imprescindible a la hora de lograr nuestra meta, por lo que no solo vamos a desaconsejar abandonar ese impulso de autoengaño si no que, además, debemos considerarlo una excelente herramienta que hay que utilizar constantemente para lograr nuestra meta de auto perjuicio; dicho de otro modo, la famosa búsqueda de la felicidad y el bienestar es un impulso excelente con la imprescindible condición de que usted siempre se incline hacia los **sucedáneos** aplicando la práctica del **autoengaño**.

De hecho, es fundamental que usted alcance la incapacidad de distinguir aquello que es susceptible de procurarle un bienestar profundo y duradero de lo que le puede proporcionar una efímera satisfacción sensorial o egoica; o que le sirva para vanagloria de su importancia personal. También un individuo puede alcanzar unas buenas cuotas de autoengaño si empieza siendo muy pretencioso aparentando ser lo que no es. Para ello es válido cualquier cosa o motivo. Puede aparentar y presumir de tener más dinero, ser más duro y fuerte, ser más listo, ser más popular y tener más amigos que nadie, ser más *guay*...

También hoy, y gracias a las redes, usted puede crearse fácilmente una vida irreal e ideal para mostrarse a los demás tal como no es pero le gustaría ser y, si además, esto causa una fuerte envidia entre su red de contactos, muchísimo mejor, pues eso le incentivará para alcanzar la alta meta de crear un personaje tan falso que hasta usted mismo ya confunda la realidad con una ficción creada, aunque desde luego, si ha de optar, siempre debe de hacerlo a favor del personaje inventado.

Por último, no debemos olvidar nunca el **estrés**, en realidad, muchas de las prescripciones que siguen tienen el objetivo de que usted alcance un alto nivel de estrés y ansiedad.

Es cierto que el estrés ha sido infravalorado a fuerza de mencionarlo tan a menudo y en cualquier ocasión.

La clave es llevar al organismo y a la mente hasta límites insanos, pero soportables, de tal modo que procure una exigencia hacia nuestro organismo, especialmente al sistema nervioso que, lentamente, nos va dejando muy buenas secuelas y ocasiona un deterioro de la salud muy interesante. Como iremos viendo a lo largo del libro, usted puede añadir también al coctel un carácter arisco y desagradable , un sistema de creencias dañino, una muy baja tolerancia hacía sí mismo y hacia los demás, etc. La suma de todo resultará espectacular y muy efectiva a la hora de amargarse la existencia. Así que, ánimo, y a esmerarse en el logro del propósito de arruinar su vida.

Para facilitarles el trabajo, vamos a pasar al detalle y, para ello, se han seleccionado distintos apartados vitales en los que es muy sencillo encontrar mil y un modos de amargarse la existencia. Y comenzamos por uno estupendo: las relaciones personales.

Relaciones con los demás

Posiblemente sean las relaciones humanas el mejor escenario para encontrar excelentes motivos para perjudicarse a sí mismo y hallar razones para auto compadecerse y quejarse a los cuatro vientos, además de que es una magnífica escuela en la que aprender como echar la culpa a los otros y mantenernos sin cambiar un ápice en nada.

Pero si es usted de los que flaquean y le sobrevienen tentaciones de abordar algún cambio, he aquí unos consejos que le ayudarán a afianzarse en su línea.

✔ CONSEJO ____

Rodéese de gente agresiva, envidiosa, dominante y ambiciosa que le critique con frecuencia y que haga su vida lo más insoportable posible

Como sabemos, la mayoría de nosotros no somos capaces de desarrollar todo nuestro potencial a la hora de perjudicarnos a nosotros mismos de una manera eficaz y continuada. Sea por falta de destreza o por dejadez, dejamos pasar muchas ocasiones estupendas en las que, sin mucho esfuerzo, podemos arruinar nuestras vidas un poco más. No obstante, podemos contar con la inestimable ayuda de nuestros semejantes, es decir, el resto de seres humanos que pululan a nuestro alrededor, y que en la mayoría de las ocasiones no les cuesta gran esfuerzo el hacernos la vida más desagradable, sobre todo si nosotros les damos pie a ello y le facilitamos los recursos para conseguirlo. Si además, contamos con la seguridad, de que hay muchos individuos que están encantados en hacer la vida más difícil a todos los que le rodean, y que gracias a la continuada ejercitación de sus irritantes capacidades han logrado un ejemplar dominio en sus distintas técnicas, es evidente que podemos felicitarnos ya que encontrar personas que nos destrocen la existencia es bastante fácil si uno pone la suficiente voluntad en ello.

Pero obviamente, hay que ser inteligente y darse cuenta inmediatamente que no todo el mundo vale para perjudicarnos a fondo y que es necesario elegir cuidadosamente a aquellos más capacitados. Unos especialmente eficaces son los que se meten en nuestra vida *por nuestro propio bien*. Esta magnífica coartada les ofrece la oportunidad de criticarnos hasta la saciedad poniendo en evidencia siempre lo peor de nosotros mismos lo cuál, en poco espacio de tiempo, nos garantiza una autoestima por los suelos y una subordinación a los criterios ajenos francamente interesante.

Es habitual que entre los familiares se encuentre alguna especie de este tipo de *lo hago por tu bien*, pero si usted tiene la desdicha de no contar con ninguno de ellos entre sus allegados, procúrese inmediatamente un amigo o amiga que sea capaz de criticarle con dureza y por cualquier cosa todo el tiempo posible, afeándole su conducta a la menor ocasión.

Los envidiosos y maledicentes son otros tipos singularmente eficaces a la hora de hacer insoportable la vida a los demás. La mejor especie es la del *envidioso hipócrita*, un tipo especialmente capacitado para destrozar cualquier vida con enorme eficacia. Si usted empieza a triunfar o simplemente la vida le va un poco mejor que a la media, es habitual que de un modo espontáneo aparezca un *envidioso hipócrita* a su alrededor, habitualmente surgido de entre su grupo de amigos. Esto no significa que este tipo llegue ahora a su vida, no, lo normal es que permaneciera en estado letárgico esperando la oportunidad de poner en práctica sus dotes. La acción de un *envidioso hipócrita,* si además es murmurador, significa tener la absoluta certeza de conseguir gran cantidad de problemas, disgustos, enfrentamientos con otras personas, etc... en definitiva una serie de calamidades enormemente valiosas para lograr que nuestra vida sea lo peor posible.

Por descontado, si usted tiene la suerte de contar entre las personas que le rodean con este tipo de individuos, debe de cuidar con esmero la relación que tenga con ellos procurando conservarla como un tesoro aunque ello le reporte algún sacrificio. De ningún modo se le ocurra enfriar estas relaciones o permitir que se distancien, o mucho menos provocarles de alguna manera que origine su disgusto. Sepa que nunca encontrará mejor aliado que ellos a la hora de hacer su vida más miserable.

Otro modelo singularmente valioso a la hora de hundir a alguien es el de los *sinceros*. Estos individuos son maestros en el uso de lo obvio y procuran su dañino efecto a través de la repetición de lo evidente. Si usted está gordo, por poner un ejemplo, su amigo *sincero* le dirá cada vez que le vea que está gordo. Da igual que sea por la mañana o por la noche, o que haga frío o calor, el *sincero* repetirá hasta la saciedad que usted está gordo *porque es verdad y las verdades hay que decirlas*. Es resaltable el hecho de que si usted además de estar gordo es inteligente o tiene unos ojos bonitos, su amigo *sincero* no parecerá reparar en ello, ni mucho menos proclamarlo a los cuatro vientos Así, como un martillo pilón, *los sinceros* son capaces de derrumbar cualquier resistencia psicológica.

Por tanto, no deje nunca de rodearse de este tipo de personas nocivas, su malestar emocional y vital, lo tiene asegurado.

Consiga ser un maestro en el chantaje emocional y aprenda a manipular a las personas (mejor si son cercanas)

Como hemos visto la posibilidad de ser manipulado por los demás no excluye el hecho de que podamos nosotros convertirnos en manipuladores.

Este sencillo consejo le procurará excelentes dosis de culpa y autodesprecio además de lograr que cada vez más personas eludan relacionarse con usted.

No puedo engañarle ni ocultar que esta destreza requiere dotes que no se alcanzan así como así. Un buen comienzo es cuando, a partir de una condición de baja autoestima, se consigue percibirse uno mismo como víctima.

Una vez que una persona ha conseguido convertirse en "víctima" puede empezar a alcanzar la maestría en el arte de la manipulación emocional. Bien es cierto que esta es una práctica que todos utilizamos de vez en cuando y que forma parte de las comunes debilidades humanas, pero aquí intentamos alcanzar la excelencia y lograr que los que nos rodean "bailen a nuestra música" aprovechándonos y sacando partido frente a ellos de nuestras debilidades bien sean reales o, lo cual es mucho mejor, inventadas.

Conseguir provocar lástima o causar pena, es uno de los pilares de esta práctica, el otro, es el de recordar a los que tenemos al lado aquello de "con todo lo que yo he hecho por ti" para lograr alcanzar nuestras demandas tanto materiales como emocionales. El objetivo es que los demás desarrollen un sentimiento de culpa respecto a los problemas que nos afligen (recuerde que esos problemas es mejor que sean inventados o, al menos, exagerados) o que se sientan en deuda constante ante nosotros.

Dado que la condición primaria humana es la de la reactividad, con esmero, iremos poco a poco condicionando a los que están a nuestro alrededor que irán, sin darse apenas cuenta, adaptándose a nuestras sutiles exigencias con tal de no verse sometidos al chantaje emocional. Es importante que usted no reflexione ni durante un instante en que está generando unos vínculos con los demás cargados de veneno y mentiras y, si alguna vez se siente flaquear al respecto, refuerce de algún modo su sentimiento de víctima a la menor ocasión que se le presente o recuerde que siempre puede apelar al necesario egoísmo como ingrediente básico en sus relaciones.

En definitiva, una de las prácticas más excelsas a la hora de pudrir cualquier relación —es muy aconsejable en las relaciones familiares— así que ¿a qué espera?

Consiga las bases para tener mal carácter, ser colérico y ser incapaz de manejar su ira

Procure que toda su rabia aflore a la menor ocasión posible y descárguela especialmente entre familiares y amigos e incluso contra sí mismo y, naturalmente, contra desconocidos. Recuerde que no debe importarle en absoluto que esto solo sea una muestra de su inmadurez, debilidad y cobardía, muy al contrario, si es usted de este tipo de personas, puede alcanzar la excelencia pasando de las agresiones verbales a las físicas con predilección hacia las personas más débiles o indefensas. Ni que decir tiene que esta actitud puede garantizar un montón de problemas de todo tipo e incluso lograr el premio mayor de conseguir la cárcel.

Si es capaz de descargar su ira sobre las personas que le aprecian habrá alcanzado una excelencia difícilmente repetible. Padres, hermanos, amigos, pareja o hijos pueden ser víctimas idóneas de su cólera. Si por fin alcanza el desprecio de los que le rodean y el rechazo de todos, no dude que habrá logrado algo inigualable. Recuerde siempre la frase magistral que no debe cuestionar nunca bajo ningún concepto: *yo soy así y no puedo cambiar.*

Si la tiene siempre presente, enhorabuena, ahora salga y enfádese con alguien, mejor si es con alguien más débil o con quien tenga algún tipo de ascendencia, por ejemplo, un empleado necesitado y, desde luego, sin que haya ningún buen motivo para hacerlo.

Es preciso que usted se olvide de ideas tales como comprensión, empatía o tolerancia; muy al contrario, usted debe cultivar su rabia hasta que esta se convierta en ira y el mayor logro lo alcanzará cuando esa ira sea capaz de arruinar su entorno de relaciones y, con ello, su vida. Si ve que esta rabia decrece, preste atención a todo lo que en su entorno pueda ayudarlo a aumentar su **miedo** y su **odio**, es decir, los ingredientes fundamentales de la rabia.

El consejo es que no olvide criticar o despotricar a diario según se levante, es como ducharse o lavarse los dientes, conviértalo en una rutina y así, se le amargará el carácter lenta pero profundamente, busque cada día cualquier motivo, por banal que sea, para incrementar su enojo. Si además tiene usted mando sobre algunas personas o simplemente una ascendencia sobre ellas, felicidades, podrá gritarlas, humillarlas, etc., tendrá a su disposición un escenario ideal para mostrarse violento, y así alcanzará la maestría a la hora de volcar su ira a la vez de lograr un magnífico nivel en el arte de perjudicar su vida, ¡enhorabuena!, tal vez algunos le tengan miedo, pero puede estar seguro de que nadie lo querrá.

Hágase muchos enemigos siendo muy borde y po-
niéndoselo todo muy difícil (incluso lo más sencillo)
a los demás y no olvide discutir con todos y por todo
hasta lograr ser un amargado de la vida.

Una buena forma de arruinarse la vida es dejando de lado cualquier conducta que tenga que ver con la buena educación, los buenos modales y el servicio a los demás que proviene de la empatía. Recuerde que todo eso no son más que cursilerías y bobadas. Lo verdaderamente eficaz es ser muy borde. No importa que eso demuestre una baja autoestima y, sobre todo, que es usted un inseguro "cagado" de miedo, lo importante es que usted, siendo borde, puede hacer más penosa la vida a los demás sobre todo si usted trabaja cara al público.

Estar detrás de una ventanilla y ser muy borde es una de las grandes delicias de la gente mediocre (no se preocupe si no sabe usted que significa la palabra mediocre). Lo ideal es lidiar con gente de la tercera edad o con patosos a los que pueda humillar por no saber cumplimentar adecuadamente impresos. Desde luego hay más ámbitos en los que pueda desarrollar todo el potencial que usted tenga para ser muy borde y desagradable. Con el tiempo y de modo natural, usted será capaz de ser borde con cualquier persona, incluso con sus propios familiares. Y recuerde que todo es útil: lenguaje corporal chulesco, miradas despectivas, un tono de voz inadecuado, palabras y expresiones ofensivas, adiestrarse en resaltar siempre lo negativo y en buscar la crítica más hiriente… la excelencia se alcanza cuando se es capaz de humillar a alguien.

No, no basta con manifestar la superioridad que tenemos al mostrar al prójimo con dureza todos sus defectos e incompetencias, no, eso solo es insuficiente. Hay que buscar su humillación. Es muy valiosa la técnica de sacar a la luz pública una vergüenza o debilidad que conocemos de alguien. En fin, como hemos dicho, hay un enorme campo de posibilidades y ámbitos en los que ejercitarse.

Otro aspecto importante es que todos deben saber que buscar su ayuda para cualquier cosa es tarea inútil. Usted nunca ayuda ni hace favores salvo que pueda sacar provecho de algo a alguien. Si una persona no puede lograr algo por sí misma y necesita ayuda, usted puede darle la vuelta a la situación y hacerle ver a esa persona —siempre con la máxima dureza y sin ningún tipo de piedad— que es un flojo, un incompetente o un inútil; incluso usted puede alcanzar la excelencia si con sus críticas logra que el que pide un favor pueda verse a sí mismo como un miserable.

Obviamente esta conducta puede lograr que usted disfrute de su vida pero que las demás personas se vayan separando de usted como de la peste, sin embargo dado que esta condición suele ir unida a la de personas soberbias, esto le facilitará llegar a la conclusión de que los demás son una cuadrilla de estúpidos conjurados contra usted y que la solución está en incrementar la crítica y la soberbia como pago a una segura soledad y aislamiento en su triste existencia.

No olvide tampoco discutir con todos y por todo. El objetivo, desde luego, no es ni alcanzar un consenso o aportar luz a un tema; no, en absoluto, toda discusión ha de tener el objetivo de irritar o, mejor aun, machacar y humillar a sus interlocutores. Afortunadamente muchos medios de comunicación y entretenimiento, nos ofrecen magníficos y ejemplarizantes modelos a seguir.

Recuerde que el tema ha de ser indiferente y debe ser solo una excusa para gritar a los demás y ser maleducado con ellos pues el fin es menospreciarlos, humillarlos, mostrar siempre sus defectos, errores, debilidades, etc., y si ha de recurrir al insulto o la mentira, no dude en hacerlo pues acuérdese que una mentira siempre puede esconderse detrás de una *especulación*.

Por último, es muy importante recordar que no es necesario que la persona a la que machacar esté presente ni que pueda defenderse, al contrario, debe intentar que esa ausencia del sujeto a machacar le sea un estímulo a la hora de mostrar todo su veneno y cobardía.

En fin, ser borde y amargado es otra versión de la ira antes mencionada y que es, ciertamente, mucho más *vistosa*, pero no menosprecie este consejo que podrá conducirle a la *amargura total*.

Imagínese relaciones románticas irreales

¿Desde cuando es mejor la realidad que la fantasía? Todos sabemos la respuesta: nunca y, desde luego, esto es absolutamente aplicable a las relaciones amorosas. Donde esté un príncipe azul o una princesa rosa, que se quiten las personas reales con todos sus defectos y contradicciones. El truco es bien sencillo: si usted se encuentra atraído o atraída por una persona normal, en vez de asumir de modo realista la naturaleza humana de su posible pareja con todo su bagaje de virtudes y defectos, es mucho mejor que lo idealice con el objetivo de idealizar, a su vez, la relación hasta convertirla en la fantasía de cuento de hadas que siempre soñó vivir pero que es irrealizable.

Una vez logrado este primer paso, lo demás viene por añadidura. Cuando la realidad de lo cotidiano empieza a superar a la fantasía, se produce la frustración lo cual ya es un logro magnífico. A continuación, viene el esfuerzo de tratar de "reconvertir" a esa persona en el príncipe azul o princesa rosa que nunca fue, por lo que el esfuerzo, además de agotador, será infructuoso e incrementará la frustración. Por último, es muy posible que aparezca el resentimiento y, atención, es aquí donde se ha de poner toda la energía y voluntad para lograr que una relación que, con seguridad tuvo algo bueno, se convierta en una relación tóxica e inaguantable y, sobre todo, capaz de llevar ese resentimiento a la cima aderezándolo con grandes dosis de tristeza y culpa de tal modo que pueda contaminar cualquier otra relación futura. Además, en otros muchos casos, esa idealización, impide ver auténticas obviedades respecto a la persona con la que se inicia la relación.

Dicho de otro modo, esa idealización o, a veces, el mero deseo irrefrenable de tener pareja *como todo el mundo,* pone una venda ante los ojos que impide ver aquello que los demás ven y lo malo es que, precisamente, lo que no se ve suelen ser un montón de defectos que, en situaciones normales, harían que huyéramos de esa persona como de la peste. La persistencia en esa actitud puede hacer que la relación se solidifique y llegar hasta el extremo de "vivir juntos", es ahí donde la venda, poco a poco, va cayendo y el príncipe azul torna en horrible sapo o la princesa prometida se vuelve bruja espantosa, es decir, lo que siempre fueron en realidad.

Llegados a este punto debe de recordar que tener un buen compañero/a de vida es una verdadera y real, aunque difícil, oportunidad de convertirse en mejor persona ejercitando, día a día, valores como paciencia, comprensión, generosidad, tolerancia, etc., pero no es ese nuestro objetivo ¿verdad?

Además, una relación asentada requiere esfuerzos tales como sinceridad y compromiso y total, ¿para qué?, muchos mejores son las relaciones conflictivas y ocasionales o la mismísima soledad no deseada y aborrecida.

Practique con esmero el egoísmo

La teoría para llevar a efecto esta práctica es sencilla, todo consiste en que en cualquier momento y ante cualquier situación, usted busque siempre el beneficio propio o la satisfacción de sus deseos personales frente al bien común o el legítimo deseo de otros. Ya el propio término "común" implica tener presente a los demás, intentar comprender sus necesidades o considerar que el beneficio propio puede en ocasiones perjudicar el de los demás y ¿a quién le interesa eso? pues a usted no; eso se lo dejamos a otros. Pero no se engañe, practicar el egoísmo no es fácil ya que esos "otros" pueden darse cuenta e intentar arruinar nuestras aspiraciones de sacar "tajada" de cualquier situación. Y es aquí donde debemos utilizar la astucia y el engaño.

Veamos el ejemplo de una situación imaginaria. Suponga que usted es el alcalde de una población lo cual ya le sitúa en una posición óptima para la práctica del egoísmo. Imagine que usted tiene un conocido de toda la vida que se dedica a la construcción y es de esos que se las saben todas. Dicho conocido le propone un día la construcción de "algo" que resulte indispensable para el pueblo aprovechando unos terrenos que no se utilizan para nada. Obviamente esa construcción ha de ser muy cara y, en proporción al coste, a usted le ofrece una tajada jugosa como "comisión de agradecimiento y facilitación". Y es ahora justo el momento de poner en acción su egoísmo y su astucia. Usted le devuelve la propuesta, concretamente, la construcción de un enorme polideportivo con todas sus dotaciones lo más modernas posibles. Nuestro alcalde imaginario debe de olvidar que en su pueblo, debido a la edad media, se practica poco deporte o que el recinto deportivo proyectado puede albergar a dos mil personas cuando en el pueblo solo viven ochocientas; asimismo debe de dejar de lado que sus paisanos necesitan mucho más un centro de asistencia sanitaria mucho más barato o que es preciso arreglar la escuela o proveer al pueblo de otras dotaciones más necesarias.

Pero esto es solo un ejemplo, el día a día ofrece enormes posibilidades de practicar el egoísmo y dar salida a lo que deseemos sin considerar en absoluto el bien común. Imagine ahora que es un ciudadano de esa misma población y que le apetece convertirse en grafitero. Usted debe de sentirse libre de pintar su nombre en grandes caracteres en los blancos lienzos de la iglesia de su pueblo del siglo XVI y si el Ayuntamiento se gasta un dineral en pintarla de blanco de nuevo, usted no se arredre, coja los botes de pintura y pinte no solo la iglesia, sino también la fuente de la plaza y cualquier otra cosa que se le ocurra. Le repito que puede utilizar cualquier situación cotidiana como la muy popular de ocupar siempre dos plazas de aparcamiento o, mejor aún, ocupar las plazas de minusválidos.

Pero la perfección se alcanza cuando usted se muestra profundamente egoísta con aquellos que le rodean y le aprecian. La familia es ideal para poner en práctica el egoísmo, especialmente con padres, hermanos o pareja. Recuerde que la práctica del egoísmo es mucho mejor ejercerla entre los que están más cerca, de hecho, usted puede disimular su condición (no olvide mostrarse pretencioso) diciendo que se ha apuntado a ONGs o entregando un cartón de leche a la salida de un supermercado en apoyo de una iniciativa solidaria.

Pero, en el fondo, usted puede esmerarse en abusar de todo el mundo utilizando las coartadas antes mencionadas. Puede servir su madre como ejemplo y usted puede volcarse en hacerla muy infeliz con su egoísmo. Si ella le pone la lavadora, intente que le ponga dos y que además le haga la cama; si le hace la comida busque el modo de que le deje la cena hecha cuando regrese a su casa —es decir, a la de sus padres— a las tres de la mañana. Y lo mismo puede hacer con su esposa o marido. Un egoísmo bien ejercitado deja, con el tiempo, el corazón seco de sentimientos lo cual es un logro formidable para arruinar una vida, así que no lo olvide y practíquelo con entusiasmo y perseverancia utilizando su creatividad y su astucia.

 **CONSEJO** ________________________________

Asegúrese de no tener amigos verdaderos.

Tener un buen amigo es algo difícil y costoso pues mantener el tesoro de la amistad requiere el esfuerzo de cultivarla. Sinceridad, generosidad, esfuerzos de comprensión y tolerancia, empatía, servicio, etc., son valores que de ningún modo interesa cultivar y que son necesarios para construir y mantener una amistad. En cambio, es mucho mejor sustituir los amigos por el sucedáneo de los *cómplices*. Las diferencias son claras:

a. Un cómplice siempre estará unido a usted en la medida de que pueda sacar algún beneficio de la relación, bien sean beneficios materiales o emocionales.
b. Un cómplice, cuando vengan mal dadas, desaparecerá como por arte de magia dejándolo en la estacada.
c. Un cómplice siempre priorizará sus intereses por lo que nunca dudará en traicionarlo si hace falta. Pero mientras todo esto sale a la luz, un cómplice sirve como compañero y aliado para sacar adelante pulsiones, deseos, etc.

Muchas veces necesitamos el grupo o *manada* para esconder nuestra cobardía y debilidades en el colectivo, asimismo podemos encontrar en ese grupo la energía necesaria para dar salida a cierto tipo de pulsiones que, estando solos, no la llevaríamos a efecto por carecer de justificaciones o de valor. Sin embargo, el grupo siempre ofrece excusas o justificaciones muy valiosas a la hora de ocultar nuestras miserias.

Veamos el ejemplo de las manadas de seguidores violentos de fútbol. En este caso *los amigos* nos ofrecen la posibilidad de dar una paliza a otra persona sin ningún remordimiento con la excelente excusa de que *son de otro equipo*. Esos son el tipo de amigos que usted necesita y merece. Imagínese que alguien que le aprecia y que se cree, equivocadamente, que es su amigo le dijese que usted es un estúpido sin personalidad ninguna por permitir que la energía del grupo prime sobre la suya y que usted la obedece sin ningún criterio, ¿qué tipo de amigo es ese?

Obviamente, manadas que encuentran su felicidad pegando, robando o destrozando cosas son *manadas cutres* y, efectivamente, hay otro tipo de manadas o "grupos de amigos" mucho *más glamurosos* y que permiten un abanico de relaciones y dinámicas más sofisticadas pero igualmente nocivas en las que la verdadera amistad brilla por su ausencia.

Una de las prácticas más populares de estos grupos es la de "despellejar" al amigo o amiga que no está presente. Naturalmente, ha de hacerse con finura y con una sonrisa en los labios. Los grupos de amigos educados permiten un sinfín de posibilidades y una mala persona puede encontrar un escenario pleno de posibilidades a la hora de sacar lo peor de sí mismo. Por último, recuerde que la práctica anteriormente prescrita del egoísmo es una herramienta utilísima a la hora de espantar amigos y, desde luego, siempre podrá recurrir a la traición como forma definitiva de arruinar una amistad.

En cuanto el *tú a tú,* un amigo debe de convertirse en un *escuchador de sus problemas* pero evitando siempre que sea él el que nos cuente los suyos mostrándonos, si lo hace, indiferentes y aburridos ante sus cuitas. De este modo, usted logrará destruir cualquier amistad y, cuando esa persona se aleje de usted harta ya de soportarle, podrá volcar sobre ella su resentimiento y enemistarse con quien fue su amigo para los restos.

Así que no debe de olvidar bajo ningún concepto la alta meta de lograr no disfrutar nunca del tesoro de una amistad limpia y generosa.

Las relaciones con uno mismo

El autodaño físico y mental

Si la relación con los demás, siendo amables y prudentes, podemos calificarlas como "confusas" para la mayoría de seres humanos, la relación con uno mismo, a poco que uno practique la sinceridad, suele resultar un misterio. Para resolverlo suelen tener preferencia dos actitudes: o considerarse el último y más rastrero insecto que habita en el planeta o valorarse como el punto de referencia de todos los demás seres humanos que no han de hacer otra cosa que adorarlo y, naturalmente, dedicarse a cumplir su voluntad y complacer sus deseos y caprichos, o ambas, en un tobogán que circula de una a otra actitud. Pero, en realidad, es indiferente, pues ambas conductas, solas o juntas, son capaces de lograr el perjuicio vital que se anhela.

Dicho esto, valgan ahora unos pequeños consejos que, sin duda, harán más fácil su trabajo. No olvide en absoluto tampoco el campo de la salud, esta área de la vida en la que cada uno individualmente tenemos mucho que decir, pues nos abre un horizonte excelente para experimentar el autoperjuicio.

Despréciese todo lo que pueda

Usted siempre puede encontrar unas buenas razones para despreciarse. En realidad, basta con recurrir casi a cualquier cosa. Por ejemplo, usted puede despreciarse mucho por:

Estar gordo, delgado, calvo, tener caspa, tener mucho pecho, tener poco pecho, ser bajito, ser alto, no ser millonario, no ser una estrella de rock, de cine o futbolista, ser tímido, ser compulsivo, tenerla pequeña, no ser modelo, no estar "cachas", etc. Naturalmente, estos son solo unos ejemplos. Use su creatividad y encuentre por sí mismo algunos buenos motivos para despreciarse, y recuerde que este desprecio no es necesario siquiera que este justificado por ninguna causa real. De hecho, muchas veces es mejor inventar el motivo por el que uno se desprecia ya que de este modo no hay forma humana de corregir nada y el desprecio puede durar infinitamente y perjudicar nuestra vida de un modo profundo.

Un buen auto desprecio puede vincularse y desarrollar un buen complejo.

Si usted sospecha que algo así puede ocurrirle, ni se le pase por la cabeza consultar con un profesional. Recuerde que un psicólogo es una figura social completamente innecesaria, al menos para gente como usted. Debe considerar como irrelevante que los psicólogos precisamente están especializados en tratar trastornos de ese tipo. La fórmula es no considerarlo como un trastorno, sino volver a recurrir a lo de "yo soy así". Esta frase ha de convertirse en un *mantra* personal capaz de justificar cualquier cosa y, por si esto fuera poco, además nos afirma que el cambio es imposible; y si el cambio de "yo soy así" es imposible, ¿de qué sirve un psicólogo?

Recuerde que amargarse la vida es algo muy personal y único; desprecio, baja autoestima y complejos son algunas de las herramientas más valiosas que un ser humano puede desarrollar para alcanzar el logro de hacer su vida más infeliz y así alcanzar la excelencia de amargársela a los demás.

Es imprescindible, por tanto, que evite a cualquier psicólogo o profesional de la salud ¡manténgase alejado de ellos! Recuerde que pueden ayudarlo y que, a menudo, alcanzan el éxito, ¿es eso lo que quiere?, ¿no, verdad?

Es mejor el desprecio, la culpa, la baja autoestima y los complejos; ¡donde va a parar! Con ellos usted puede navegar por su vida como un barco a la deriva asegurándose una existencia triste y vacía tal y como desea y merece.

 **CONSEJO** _______________________________

Haga muchas dietas diferentes a menudo.

Este método, aunque no lo parezca, es excelente para perjudicar su salud de un modo muy eficaz y además casi sin darse cuenta. Lo bueno que tiene es que es capaz de volver loco cualquier sistema metabólico. Esto, así dicho, no parece nada grave, pero las consecuencias que acarrea son estupendas para deteriorar un organismo por muy fuerte que sea. El sistema es fácil: que usted lee en una revista que la dieta de apios y sardinas (es solo un ejemplo) es la mejor, pues hágala sin consultar a nadie. Que un amigo le dice que no, que la mejor es la de salchichas, altramuces y queso azul, pues no lo dude. Que en televisión anuncian unas pastillas de 180 euros junto a una dieta donde puede ponerse hasta arriba de grasas y proteínas, pues adelante también. El secreto está en no dejar escapar ninguna dieta sin hacer. Preste especial atención a las llamadas de la _clínica noseque_ o las del _doctor nosecuantos_ y especialmente a las que estén de moda. Como es seguro que no adelgazará nada o, lo que es peor, que en principio adelgace y luego recupere su peso anterior junto a varios kilos de más, este método tiene la ventaja añadida de que con él puede seguir odiándose a fondo por ser un _asqueroso saco adiposo_ además de que le permite incorporar a su vida una importante sensación de estupidez al no entender como no logra adelgazar _con todos los esfuerzos que hace_. Si es usted voluntarioso y contumaz, acuérdese que también es un excelente método de perder dinero pues es siempre aconsejable que opte por suplementos y pastillas lo más caras posibles. Además, si añade acudir a esas caras consultas en las que le rellenan una ficha y le pesan en paños menores, tendrá la garantía de la pérdida segura de salud más la pérdida de cuantiosas cantidades de dinero.

Y desde luego no se le ocurra escuchar esas patéticas voces de los que proclaman aquello de comer de todo de modo ligero y siempre quedándose con un poquito de hambre. Recuerde que son solo una pandilla de agoreros y que el hecho de que sean médicos o nutricionistas no les concede ningún crédito ni mucho menos el de tener una opinión autorizada.

✔ **CONSEJO** ______________________________

Duerma poco y mal (mejor si se hace adicto a los somníferos)

Aquí, la receta no puede ser más sencilla. Consiste en levantarse muy pronto y acostarse muy tarde. Si está usted trabajando o estudiando, tiene ya con toda probabilidad la suerte de madrugar mucho, por lo que solo le queda acostarse bien tarde. Lo ideal es que usted se acueste tarde sin ningún motivo como haber ido al cine, asistir a un buen concierto o pasar una grata velada con amigos. Lo que realmente es excelente es irse a la cama muy tarde después de mirar la televisión cambiando a cada momento de canal hasta altas horas sin que haya un solo minuto de programa que despierte realmente su atención o mirando el móvil. Además de machacar su organismo negándole el descanso, se acostará con una ligera, pero perceptible, sensación de idiotez por perder miserablemente el tiempo.

Ni que decir tiene que la maestría se alcanza quedándose dormido en el sillón vestido y con la tele puesta, pues la recompensa de pasar al día siguiente una jornada laboral hecho unos zorros, está plenamente garantizada. Tampoco está nada mal el hecho de que de este modo su rendimiento en el trabajo será menor que si usted estuviera descansado y despejado, por lo que si en el trabajo empieza el jefe a dudar de su profesionalidad, no olvide que es un magnífico pretexto para explicar a su familia y amistades que su jefe le ha tomado ojeriza *sin motivo*.

Nada de lo anterior debe desviarlo de su propósito de no acostarse hasta pasadas las dos de la mañana. Si le entra sueño y se le cae el mando a distancia de la mano, es aconsejable que se lo ate a la muñeca pues siempre hay a esas horas algún producto de tele-tienda de gran interés —ojo a los utensilios de cocina— o echadores de tarot que siembran las ondas de bendiciones y suerte a diestro y siniestro por cuantiosas cantidades de dinero. Consultar el móvil hasta las tantas de la noche es una herramienta portentosa para favorecer la falta de descanso. La luz del móvil que daña los ojos y su carga eléctrica al lado son también excelentes ayudas.

Llegados a un punto, se torna necesario tomar medidas, ¿dejar de mirar la tele o el móvil?, ¿adquirir buenos hábitos de sueño? No, qué disparate. La solución es comenzar con los somníferos, esa excelente ayuda que, con el tiempo, dejarán de hacer efecto pero que, con un poco de perseverancia, se convertirán en una adicción.

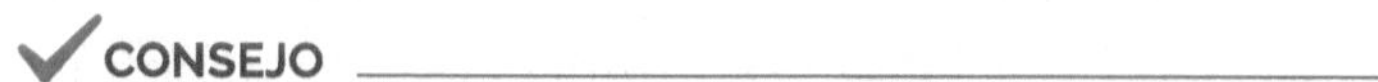

✓ CONSEJO

Haga ejercicio sin asesoramiento llevando puestos los auriculares a todo volumen con música estridente (mejor correr en ciudad por lugares de máxima contaminación)

Hacer deporte siempre se ha considerado una actividad sana, sin embargo a menudo se le puede dar una vuelta a todo y conseguir que esa actividad, en principio sana, pueda servirnos para perjudicar nuestra vida.

Lo básico es que usted se ponga a hacer deporte sin ningún tipo de asesoramiento y sin tan siquiera tener la precaución de hacerse un previo chequeo de salud. A lo mejor usted tiene problemas de azúcar o un disco vertebral no demasiado bien por poner unos ejemplos. Da igual, mejor no saberlo y desde luego no puede impedir que usted salga a trotar por las calles o que se apunte a clases de boxeo. Usted debe de ser listo y percatarse que es mucho mejor trotar por el centro de una gran capital en las áreas de mucho tráfico que hacerlo por un bosque.

De este modo la contaminación le ayudará muchísimo a compensar negativamente los someros beneficios del trote. Es importante que, además, usted incorpore a su indumentaria unos cascos con música al mayor volumen que pueda aguantar siendo preferible escuchar *heavy metal*. Todo el mundo conoce las múltiples ventajas que para el oído y para el cerebro tiene escuchar música estridente al máximo volumen, pero usted lleva los cascos para aislarse del ruido de la ciudad así que está claramente justificada la razón por la que se cambia el ruido del tráfico de 60 decibelios por el de los cascos a 85 decibelios. Este es solo un pequeño ejemplo de cómo cualquier actividad diaria, incluido el sano deporte, podemos convertirla en algo que nos perjudique la vida si le ponemos algo de creatividad y falta de criterio.

Ir a un gimnasio y ser asesorado por profesionales tiene un grave problema: cuesta dinero. ¿A alguien sensato se le puede ocurrir pagar por hacer ejercicio? Desde luego que no. Sin embargo si opta por acudir a un gimnasio también puede ser una oportunidad para empeorar su salud y no, no me refiero a la saludable oportunidad que ofrece de ponernos en forma, no. A poco que se fije allí encontrará a varones musculados y a mujeres de vientre plano y sin cartucheras. Es innecesario decir que hoy el culto al cuerpo es una asignatura de obligado cumplimiento y que usted debe de seguir para imitarlos el modelo más nocivo posible pues, llegado el caso, no tiene ningún sentido confiar exclusivamente en el esfuerzo continuado sobre todo si se puede recurrir a esteroides y otro tipo de sustancias parecidas.

Nunca debe de prestar oídos a las recomendaciones sensatas de los monitores experimentados ni mucho menos a las de los profesionales de la salud que le aconsejarán que no consuma esos productos por los daños que provocan en el organismo. Recuerde que lucir pectorales, tableta , bíceps o un culo duro como un ladrillo es mucho más importante que su salud. Recuerde que *para presumir hay que sufrir* y ¿a quién le puede preocupar la salud ante la perspectiva de tener un cuerpo de escándalo?

✓ CONSEJO

Practique el estrés: vaya siempre con prisa y apremiado por la tensión de llegar tarde

Este es otro de esos sencillos sistemas de fácil ejecución pero que proporciona muy buenos resultados a la hora de arruinarse la vida. Todo consiste en salir *siempre* veinte minutos más tarde de la hora aconsejada para ser puntual. Los motivos en los que entretener esos veinte minutos pueden ser enormemente diversos aunque lo ideal es que en ese lapso de tiempo no se haga nada útil. Tiene la ventaja de que además de la tensión producida, se logra quedar fatal con la persona citada, e incluso con un poco de constancia e insistencia en las citas con una misma persona, es posible que ésta rompa las relaciones para siempre o al menos nos considere un estúpido irresponsable, lo que tampoco está nada mal. Todo es cuestión de perseverar y si es necesario tomarse diez minutos más de retraso, pues se toman y ya está. La excelencia en el arte de llegar tarde se alcanza perdiendo media hora más dando vueltas para aparcar alrededor del lugar concertado. Si una vez torpemente aparcado el vehículo y después de verificar que la otra persona ya se fue hace rato, al volver a por el coche, éste se lo ha llevado la grúa, habremos alcanzado en ese momento la condición de "experto avanzado". Un buen corolario a este precepto es el de utilizar *siempre* el coche en la ciudad especialmente en las distancias más cortas que se pueden recorrer fácilmente andando y circulando por calles y a horas en los que estén asegurados grandes atascos que garantizan estupendas pérdidas de tiempo, un gran gasto en el consumo del coche y, si además, su sistema nervioso queda hecho polvo, pues mejor que mejor. Preste atención a no tomar nunca ni el metro ni cualquier otro servicio público de transporte ni siquiera si estos le garantizan prontitud, economía o comodidad. Y, desde luego, ni se le ocurra ponerse a caminar.

Recuerde que no debe de dejar nunca de utilizar el coche bajo ningún concepto especialmente en distancias cortas y por lugares con mucho tráfico que le garanticen grandes pérdidas de tiempo en magníficos atascos. Este sencillo precepto acarrea muchísimas ventajas: elimina cualquier posibilidad de ejercer un ejercicio sano como el andar, se gasta mucho dinero en gasolina y los coches se estropean antes, con lo que hay que gastar aún más en reparaciones, eso sin contar con las cuantiosas y estupendas multas de aparcamiento. Los atascos son una fuente inmejorable de estrés y facilitan mucho la posibilidad de iniciar disputas con otros automovilistas estresados (se aconsejan taxistas). Y por último, cuenta con la seguridad de llegar siempre tarde. Como verá este sencillo consejo nos proporciona una fuente casi inagotable de ventajas eficaces a la hora de hacernos la vida más miserable.

✔ CONSEJO

Siga la moda a toda costa

Ya sea con pantalones muy ajustados que le congestionan la entrepierna, ya sea con botas de montaña en agosto, con gafas negras de noche, o con ropa interior insoportable, usted bajo ningún concepto, y menos por razones de comodidad o de salud, debe huir de aquellas modas que pululen a su alrededor. Si la moda exige pinzamientos y perforaciones o largas sesiones de agujas en la piel, no lo dude un momento. Y, cuidado, recuerde que usted, en este caso, no sigue ninguna moda —está de moda no seguir modas— sino que si se perfora el prepucio o los pezones es solo porque quiere y le apetece. En la Edad Media todos saben que existían unos paisanos que recorrían los caminos azotándose los unos a los otros. Obviamente también les apetecía hacerlo y, lógicamente, lo hacían con todo gusto.

Y si esto es así con la piel, con el pelo, pinturas o ropa debe ser lo mismo.

No lo olvide, usted tiene libertad para no seguir la moda si no quiere y si se pone una cresta no es, ni mucho menos, para seguir una moda, se pone cresta porque le apetece y ya está. Una noche se acuesta sin cresta y esa misma mañana resulta que le apetece ponerse cresta es pero no porque se la haya visto a nadie si no porque se le ha ocurrido libremente y se acabó.

Es su libertad y lo hace porque le apetece y no porque haya nadie que marque las modas por muy extrañas, in-cómodas o dolorosas que sean. Estaríamos buenos. Que a nadie se le ocurra escuchar a esos llamados antropó-logos que hablan de la necesidad humana de sentirse aceptado por un colectivo que valora y que está dispues-to a seguir las pautas de ese colectivo por extrañas que parezcan con tal de sentirse miembro del mismo. Bien sea poniéndose discos enormes que deforman los labios como en algunas tribus de África, vendándose los pies hasta evitar que crezcan como en la antigua China o, como ahora en algunos lugares, perforándose la piel en lugares especialmente sensibles.

Otra enorme ventaja de la moda reside en lo cara que cuesta. Recuerde que la moda deber ser más cara que lo que no es moda. Da igual que la ropa sea un adefesio, que venga ya rota de fábrica o que exija sacrificios de comodidad, lo importante es que sea cara y que, sobre todo, muestre a los demás que es moda ya que para eso se inventaron las marcas. Si por algún motivo indeseable usted un día no puede pagarse una marca de moda, no puede renunciar a que los demás se den cuenta de que no va a la moda, para ello existen las copias y las falsificaciones a las que usted puede acceder en los mercadillos. No escuche las voces de que esto resulta un poco patético o que se esconde delincuencia en esas falsificaciones, da lo mismo, la moda es la moda y es preciso seguirla. La ventaja es que además hay moda para todos los gustos y estilos. Una estética determinada nos habla de la declaración de pertenencia a un colectivo; desde los "pijos" a las decenas de "tribus urbanas"; da lo mismo, esa uniformidad que a su vez requiere no ir a la moda, implica otra forma de seguirla. Y como dicen que dijo un político norteamericano "da igual lo que la gente piense, lo importante es que siga consumiendo", y para ello ¿hay algo mejor que seguir las modas?

Consuma mucho café diariamente, fume mucho, beba alcohol en abundancia y coma mal fuera de horas (mejor comida basura)

Para poder seguir este precepto más fácilmente he aquí algunos buenos consejos:

- Coma de pie en lugares de comida rápida repletos de gente y ruido precisamente aquellos alimentos que tenga la sospecha de que van a sentarle mal o que en cuya composición se incluyan docenas de colorantes, conservantes y saborizantes. Esta magnífica costumbre viene acompañada de excelentes dolores de estómago y malestar general más el posterior sentimiento de estupidez y culpa.

- Tome tanto café como necesite hasta llegar al punto en el que esté *realmente hecho un manojo de nervios*. No debe conformarse exclusivamente con el café de la mañana cuya ingesta a veces es imprescindible para despejarse especialmente si usted es un devoto cumplidor del precepto de acostarse tarde. A la menor ocasión, atibórrese de cafeína. Recuerde que los refrescos de cola contienen mucha cafeína y, si esto no es suficiente, puede recurrir a las estupendas bebidas energéticas que pueden llevarlo hasta la taquicardia. Si persevera, podrá garantizarse buenos ataques de ansiedad, entre otros beneficios, los cuales puede combatir con potentes ansiolíticos.

- Fume tanto como se lo demande su adicción sin perder de vista la alta meta de lograr ser un fumador compulsivo. Esta excelencia en el fumar se logra cuando un día, insospechadamente, usted se de cuenta que ha logrado encender un cigarrillo cuando estaba fumando ya otro que, en un momento de inadvertido reposo en la inhalación de humos, había dejado unos segundos apoyado en el cenicero. Si nota que le asalta una tos cavernosa, que se ha de parar a tomar resuello después de una cuesta de más de cinco metros, que cada vez se le irrita más la gastritis, que sus bronquios están ya muy debilitados u otros síntomas a cada cuál más excelentes, no permita ni por un segundo que le asalte la idea de dejar de fumar y recuerde para afianzarse en su adicción aquella magistral frase que acertadamente dice: "de algo hay que morir".

Hoy en día ya no es "moderno" fumar, al fin y al cabo una forma de matarse, pero no deje que los agoreros puedan hacerle dudar respecto a su adicción, además usted puede crecerse ante la adversidad: si no dejan fumar en sitios públicos, fume más privadamente, si la sociedad se ha puesto "tonta" con los fumadores, vuélvase reivindicativo y fume por usted y por los idiotas que lo han dejado en un ataque de debilidad. Recuerde, permanezca fuerte en su adicción y, si es necesario, plantéese llegar a ser "el último fumador".

- En cuanto al alcohol, son universalmente conocidas las múltiples ventajas que desde tiempos inmemoriales su consumo ha reportado al ser humano: desde convertir a cualquier marmolillo en un tipo alegre y divertido capaz de hacer el imbécil sin ningún tipo de barreras o lograr que el más tímido de los sujetos se ponga en vergüenza y haga el mayor de los ridículos. Eso sin contar con la interesante ventaja que representa el hecho de que la toma continuada de alcohol garantiza un lento pero seguro deterioro del hígado y otras vísceras de tal manera que casi siempre desemboca en una grave enfermedad cuyo padecimiento está demás en señalar su importancia a la hora de destrozar una vida de un modo fabuloso. Como pequeña ventaja añadida, si es usted conductor, no desprecie el hecho de conducir borracho sin atender a ninguna recomendación pues todas esas prevenciones son para otros pues *usted controla.*

Multas, pérdidas de puntos o estrellarse con el coche garantizan también una buena forma de arruinar su vida y la de los demás. Pero recuerde, nada ni nadie puede obligarle a que usted no consuma la cantidad de alcohol que le de la real gana. Si hay muchos accidentes de trabajo producidos por la ingesta de alcohol, si en la mayoría de peleas, riñas y agresiones está presente el alcohol o si su consumo es responsable de los más graves accidentes de tráfico, da igual, usted ya es mayorcito y nadie va a venir a decirle cuándo, cuánto y cómo va a beber.

Dado que son ilegales, recordemos que el alcohol no lo es, no mencionaremos aquí el nombre de determinadas sustancias capaces de arruinar cualquier vida rápidamente y con total seguridad. Pero no las aconsejamos en absoluto por muy de moda que estén algunas .Todo lo hasta ahora mencionado, más lo que viene en adelante, es más que suficiente como para perjudicarse la vida de un modo lento y creativo. Por tanto, no recurramos a estas "fáciles" sustancias que nos impedirán disfrutar del recorrido dada su enorme capacidad de dañar al ser humano física y psíquicamente de un modo rápido, profundo y sin vuelta atrás hasta alcanzar la auto destrucción que procuran y para lo que, posiblemente, están diseñadas.

✔ **CONSEJO** ______________________________

Ante el más mínimo malestar, A) Vaya a varios médicos distintos y tome medicamentos sin receta o B) Bajo ningún concepto visite al médico.

Si usted se inclina por la opción A respecto a como abordar su salud, recuerde que no es bueno fiarse de uno solo, es mejor que le hagan distintos diagnósticos y le receten diferentes medicinas a cada cuál más potente.

Usted no debe confiar en absoluto en la propia capacidad del cuerpo en solventar por si mismo pequeñas trastornos pasajeros que pueden ser tratados con remedios eficaces pero de nulos efectos secundarios. Es muy importante que acuda al médico y que le relate todos los síntomas pormenorizadamente y, si es posible, agravando la situación. Recuerde que no debe abandonar la consulta conformándose con la receta que le aconseje el médico e insistir e insistir hasta que le den un *volante para el especialista.*

Ya en el especialista debe lograr que este le recete más medicinas aun (no haga caso cuando le diga que deje de tomar las del médico de cabecera) y que le ordene radiografías, *scaners,* analíticas, endoscopias, tractos rectales, electrocardiogramas y cultivos diversos. Como le habrá recetado medicinas distintas a las del médico de cabecera, ante la duda, tómeselas todas, y como posiblemente le dolerá mucho después la cabeza y el estómago, arréglelo atiborrándose de bicarbonato y aspirinas. No debe tampoco olvidar lo importante que es medicarse uno mismo y recurrir a esas medicinas guardadas desde hace años que *una vez le recetaron y que le fueron tan bien,* así que puede tomarlas junto a las recetadas por el médico de cabecera y las del especialista. Como todo esto habrá deteriorado notablemente su salud, es el momento de asistir a otros especialistas ahora ya abriendo el campo: corazón, digestivo, traumatólogos, endocrinos, etc.

La excelencia en el arte de ir al médico se alcanza no dando valor en absoluto a los resultados de todas las pruebas a las que le vayan sometiendo, y así acudir de nuevo a otros especialistas que le recetarán más y más medicinas y le someterán a nuevas pruebas que usted podrá narrar en las consultas de espera causando la envidia y la admiración de sus oyentes.

Ha de tener siempre muy presente que los médicos son humanos y por tanto pueden equivocarse, y que el hecho de que hayan estudiado mucho y tengan años de experiencia no les habilita ni les faculta para *acertar* con usted. Este razonable axioma le permitirá lograr que una sencilla dolencia se convierta en un largísimo, doloroso, y caro peregrinaje de consulta en consulta, con el que conseguirá perjudicar su vida de un modo muy eficaz y seguro.

En cuanto la opción B, es mucho más fácil de seguir aunque, ciertamente, carece de los matices creativos de la primera.

Su seguimiento es extremadamente sencillo: si usted una mañana se despierta orinando sangre, no ocurre nada, ya pasará solo; si lleva tosiendo tres meses y su tos es cada vez más cavernosa y le duele más el pecho, tampoco pasa nada; si cada vez que come le duele el estómago, considérelo de lo más normal y, así sucesivamente con cualquier tipo de dolor o enfermedad. Recuerde que el objetivo es que, bajo ningún concepto, acuda al médico, no sea que, a pesar de su convicción de *qué van a saber ellos*, puedan darle un diagnóstico acertado y recetarle medicamentos que fácilmente le puedan ayudar a curarse.

Como ve es un método extraordinariamente sencillo de sufrir una enfermedad grave que le proporcionará horas y horas de padecimiento y dolor.

Conviértase en un "listo" engreído

Si usted es de los que considera que la baja autoestima es cosa de mediocres y tristes, esta recomendación le viene a la medida. La pose de "listo" engreído ya, para empezar, le permitirá mirar a los demás por encima del hombro y, obviamente, a la menor ocasión usted ha de demostrar que está por encima del resto de seres humanos. Si usted es de los que *tiene dinero* tomar esta actitud le será muy fácil, todo consiste en pavonearse ante los demás con todo aquello que demuestre su nivel económico y social. Joyas, abrigos de visón, trajes de dos mil euros, coches caros o narrar su asistencia a los restaurantes más exclusivos o contar anécdotas de sus carísimas vacaciones son extremadamente útiles para dejar constancia de su superioridad y si, además, despierta la envidia de sus interlocutores, habrá alcanzado un nivel de excelencia muy interesante que le ayudará a olvidarse de lo patético de su conducta.

Si usted no tiene dinero pero tiene su *culturilla* también es una condición excelente para distanciarse de los demás. Ni que decir tiene que tener una carrera universitaria o hablar idiomas, para una persona como usted, le puede servir como un excelente medio para mostrar su superioridad. Puede darse el caso de que usted tenga su licenciatura y que su interlocutor con pinta de paleto tenga tres carreras y un par de doctorados, en este caso, no se

arredre nunca y adopte entonces la figura del "sabelotodo" pues es imposible que su interlocutor, un doctor con
aspecto de pueblerino, sepa de todo y así, con un poco
de destreza, seguro que podrá encontrar rápidamente un
tema sobre el que no tenga la menor idea y ahí usted podrá mostrar su superioridad pues debe de recordar que
no tiene la más mínima importancia el hecho de que usted se lo invente todo.

En realidad esta es la condición requerida: un sabelotodo
debe de aparentar o, mejor aun, creérselo, que sabe de
todo: de coches, de política internacional, de cocina, de
ingeniería espacial, de cine, de fútbol, etc., y esto es muy
importante, ha de tener la solución — siempre teórica—
para cualquier cosa, incluidos los más graves conflictos
internacionales. Puede valer todo, un "sabelotodo" sabe
cómo arreglar un grifo o el conflicto judeo-palestino, tiene la solución del cambio climático y del paro mundial y,
desde luego, sus juicios y opiniones son sentencias indis-
cutibles. Esta condición de "listillo" es muy útil en deter-
minados ambientes en los que logrará que prontamente
le hagan el vacío, pero recuerde que siempre podrá encontrar otros círculos en los que demostrar su estupidez
y vanagloria y continuar con su carrera de "listillo".

No le conceda ni un minuto ni a la esperanza ni al optimismo y personalícelo todo.

Un excelente objetivo para amargar cualquier vida es el de personalizarlo todo llegando a la conclusión de que *todo y todo el mundo* están en contra suya. Una buena estrategia de inicio es la de dividir el mundo en el bando de los buenos y en el de los malos. Hay que destacar que para que el resto del mundo sea malo, no se requiere que actúen mal, sino que es suficiente con que *piensen mal,* es decir, que tengan ideas diferentes a las suyas. Luego póngase en el lado de los buenos y proyecte su odio y su rabia en los otros. Este es el primer paso. El segundo paso es esperar a que "los suyos" le decepcionen con lo que su rabia inmediatamente se habrá doblado de modo automático. Así, ya habrá logrado que ahora "todos" sean sus enemigos y, además, habrá conseguido sentirse solo y con miedo. El último paso consiste en verificar que, efectivamente, "el mundo está contra mí" y, de esta manera, ya puede concebir la vida como una lucha constante.

Recuerde que siempre tendrá a su favor tendencias y corrientes sociales o populares para afianzarse en sus ideas. Recuerde también que este camino hacia la amargura total puede acompañarlo con ideologías nocivas o sistemas de creencias autodestructivos impregnados de fanatismo y odio que se lo harán más sencillo de transitar; desde tiempos remotos determinadas ideas políticas e incluso filosóficas son estupendas para incrementar su miedo y hasta son capaces de proporcionarle esas semillas de rencor y odio; si tiene dudas, consulte la historia o simplemente la actualidad. Al convertir al resto del mundo en enemigos, su miedo se incrementará y ya es mucho más sencillo que la semilla del odio germine.

A su vez, poco a poco, comprobará que cualquier tipo de esperanza desaparecerá de su vida y, es más, usted debe de pensar que aquellos que parezcan esperanzados, optimistas o simplemente alegres, no son más que locos irresponsables que se confabulan contra usted. La excelencia se alcanza adquiriendo la paranoia de sentirse vigilado y perseguido. Si el Ayuntamiento sube los impuestos, usted debe de pensar en la "personalización", es decir, que el Ayuntamiento lo hace para perjudicarle a usted expresamente; bien es cierto que sus vecinos también sufren la subida, pero usted sabe con absoluta certeza de que eso es solo un ardid para ocultar la animadversión que el consistorio tiene contra usted *específicamente*.

Conviértase en un ignorante maleducado y vago

Adquirir conocimientos o formarse, bien sea para conseguir un trabajo interesante y motivador, bien sea por satisfacer la natural curiosidad intelectual, debe de ser algo que usted siempre rechace frontalmente. Estudiar ha de ser algo de lo que debe de mantenerse alejado como si fuera la peste. Hay una etapa en la vida de una persona en la que no nos queda más remedio que fingir que estudiamos, pero esa etapa ha de ser lo más corta posible y, bajo ningún concepto, usted debe de hacer el más mínimo esfuerzo para formarse, bien en la juventud, bien a lo largo de su vida. Y si por algún motivo desconocido, alguna materia o tema despierta su atención, usted debe de reparar en el lado más negativo del estudio como que requiere esfuerzo o que estudiar es mortalmente aburrido. Es muy útil meterse en la cabeza ideas del tipo "estudiar no sirve para nada" o "es una pérdida de tiempo", además estas ideas siembran otras como la de empezar a menospreciar a los que están formados o han estudiado.

Esta prescripción puede ejercitarse a la vez de la de convertirse en un "listillo" pues, en realidad un *listo* no hace más que intentar compensar su ignorancia frente a sí mismo y ocultarla frente a los demás. Otra sugerencia es la de mostrase orgulloso de su ignorancia, pero este rasgo requiere unas dosis de estupidez que no es fácil de alcanzar y que solo logran unos pocos. Si usted ya tiene un trabajo, debe de recordar que una buena formación puede permitirle acceder a puestos mejores y más remunerados. Por si le entra la duda de empezar ahora a estudiar de nuevo para ser más competitivo y tener un currículo más atractivo a la hora de cambiar a un trabajo mejor, es conveniente que se aparte de esa tentación lo antes posible y que recuerde todos los esfuerzos que le requeriría.

Es muy interesante unir a la condición de ignorante la de maleducado. Esto es bastante fácil de conseguir con solo utilizar un lenguaje malsonante, apelar a insultos, utilizar mucha jerga ofensiva, no mostrar nunca buenos modales o comportarse de un modo grosero. Si usted se aplica en llevar a efecto estos consejos, poco a poco, la molicie y el abandono se instalarán en su vida. Es entonces cuando debe de empezar a levantarse tarde y a poner cualquier excusa con tal de no ponerse manos a la obra con la más mínima tarea que requiera esfuerzo. De este modo, empezará a ganar una condición excelente a la hora de tener una vida peor: ser un vago.

Bien es cierto que lograr convertirse en un vago redomado no es sencillo, pero a poco que se aplique, conseguirá dejar su vida sin futuro y podrá experimentar fácilmente a la vez, el egoísmo y el chantaje emocional con los que le rodean.

El trabajo y el dinero

Pero vayamos ahora al tema del trabajo. Un trabajo bien puede convertirse en una bendición o bien en un infierno según sea ese trabajo o según sea nuestra actitud respecto al mismo.

El trabajo es el medio que tenemos para ganar el dinero que necesitamos para vivir, pero también el trabajo nos facilita una excelente oportunidad para sacar a la luz nuestras pulsiones, complejos, frustraciones, etc. Pasamos muchas horas en el trabajo y, por tanto, esto nos facilita muchas posibilidades únicas para sacar lo peor de nosotros y, además, de un modo fácil. Esto se debe a que el dinero y, todo lo que lo rodea es, para muchos, sinónimo de felicidad y, sin embargo, casi siempre puede convertirse en una fuente de problemas, tanto si se tiene, tanto como si no se tiene (si es que usted ya ha alcanzado la condición de vago antes mencionada).

✓ CONSEJO

Trabaje 14 horas diarias (o más)

El trabajo nunca es suficiente. Incluso después de acabar su jornada laboral, usted puede continuar hablando de trabajo, o lo que es mejor, llevarse trabajo a casa. Todo esto le permitirá desatender a su pareja, tener muy poco tiempo para sus hijos y reducir mucho sus horas de ocio y descanso. Tiene el valor añadido de que si en su empresa hay un ascenso y se lo dan a otro compañero, *después de todo lo que usted ha hecho por la empresa,* tendrá unos magníficos motivos para *odiar merecidamente* tanto al compañero ascendido como a los que le ascendieron y así acumular unas magníficas dosis de resentimiento. Si usted se esfuerza mucho en este sentido, incluso puede alcanzar una interesante patología denominada *adicción al trabajo.* Esto en el caso de que usted *se sienta identificado* con el trabajo. Si no es ese su caso, y es de los que *mata el rato* en su puesto de trabajo hasta ni un minuto después de la hora de fichar, puede también durante el tiempo que está con su familia y amigos quejarse a cada momento de lo poco que le pagan, de lo idiotas que son sus jefes, y de lo poco valorado que le tienen. Esta actitud quejumbrosa es excelente para extender más y más su amargura que generará una actitud aun más indolente e ineficaz en su trabajo. Pero no crea que aquí para la cosa, si a su actitud indolente e ineficaz en el trabajo, añade usted un comportamiento *borde,* tenga seguro que antes o después logrará un magnífico despido que le dispensará horas y horas de autocompadecimiento y resentimiento.

Decálogo del peor trabajador posible

Pasamos muchas horas en el trabajo y por tanto es un campo inestimable que hay que cultivar duramente para lograr que nuestra vida sea lo peor posible. De entrada hay que seguir unos preceptos de obligado cumplimiento:

1. **Nunca asuma la responsabilidad de nada y eche siempre la culpa de sus errores a los demás.** Es ideal repartir culpas entre la mayor cantidad de compañeros posibles para así asegurarnos un amplio abanico de enemistades. La excelencia se alcanza atribuyéndose logros y aciertos de otros.

2. **Siembre de murmullos, mentiras, comentarios, dudas y falsedades** en el ambiente de trabajo haciendo especial hincapié en deteriorar la buena fama de aquellos más competentes y capaces.

3. **Oriente sus esfuerzos —desde luego los menos posibles— en aquellas tareas más secundarias, irrelevantes y periféricas** priorizándolas sobre las más eficaces y útiles.

4. **No tome nunca ninguna decisión**. Recuerde que quién decide puede equivocarse. Si no le queda más remedio, arrégleselas para que sea otro quién la tome. Si se equivoca, tendrá una estupenda oportunidad de machacarlo a fondo y sacar pecho con la famosa frase *ya lo decía yo*.
En caso de que su decisión fuera acertada, trivialice el tema o haga correr el rumor de que en el fondo la idea había sido suya.

5. **Conceda una máxima importancia a aquello que haga** (recuerde que debe ser irrelevante) **dedicándole en apariencia mucho tiempo y esfuerzo** procurando dar siempre la sensación de que está hasta arriba de trabajo. La excelencia se alcanza cuando a fuerza de engañar a todo el mundo, la empresa le contrata a *alguien que le ayude*.

6. **Sea pelota, servicial y simpático con todo aquel a quien le pueda sacar algo**, especialmente con los jefes y, en cambio —y esto es muy importante— , sea absolutamente borde y antipático con el resto de compañeros. Es fundamental que si alguien alguna vez le pide algún favor o ayuda, se lo niegue de modo tajante.

La excusa básica es que usted está siempre *hasta arriba de trabajo* y no se le ocurre pedir nunca ayuda, y para terminar de hundirlo, hágale saber que si necesita ayuda es que es un incompetente que no sabe aprovechar bien su tiempo.

7. **Bajo ningún concepto se le ocurra ser creativo ni buscar modos de mejorar su trabajo particular ni tampoco el colectivo**. Usted debe agarrarse fuertemente a la rutina, a *lo que se lleva haciendo así toda la vida*. Recuerde que ha de ser especialmente beligerante con todo aquel que proponga algún cambio del tipo que sea, no vaya a ser que alguien se de cuenta que usted lleva un montón de años haciendo cosas que apenas sirven de nada y que otra persona podría hacer en tres días lo que usted hace en un mes.

8. **Sea crítico con todo y con todos**. Recuerde que no es necesario ningún motivo ni mucho menos razones argumentadas. En realidad se trata de lograr un ambiente de crispación que sin duda hará más sórdido y tenso su ambiente de trabajo.

Es importante que usted centre sus críticas en aquellos más débiles, los que están en situaciones más delicadas y sobre todo y especialmente, con los nuevos.

9. **Procure no ponerse jamás al día, actualizarse o seguir formándose**. Es fundamental que sea consciente de que *usted ya lo sabe todo*. Son los demás quienes lo necesitan, pero nunca usted. Si algunos compañeros logran ascensos o mejoras por su mayor formación o competencia, ese es el momento adecuado para sacar lo mejor de su resentimiento y envidia volcándola al exterior a la menor oportunidad.

10. **Aprovéchese todo lo que pueda de la empresa sin contemplaciones ni remordimientos**. Desarrolle la habilidad de *rascar* aquí y allá todo lo que esté a su alcance. He aquí algunas ideas: bajas por enfermedad, dietas, adquisición gratis de material de oficina, llamadas al exterior (mejor al extranjero) a familiares y amigos, largas gestiones fuera del puesto de trabajo, viajes o comidas innecesarias a cuenta de la empresa, etc.

No me negará que cumpliendo este excelente decálogo, usted logrará una pésima relación con sus compañeros, y conseguirá que su imagen y estima como profesional estén absolutamente por los suelos. Todo ello le proporcionará —sobre todo en los pocos momentos que tenga de reflexión personal— una sensación de inutilidad y vacío muy valiosas a la hora de considerarse una mala persona, un inútil aprovechado y un tipo incapaz de cumplir su trabajo con honestidad y eficacia. Si además es capaz de volcar su frustración entre su familia y amigos deteriorando concienzudamente su relación con ellos, convendrá conmigo en que el modo de abordar su trabajo es un medio idóneo para arruinar su vida de una manera profunda y continuada.

> *i* Como sugerencia a la hora de llevar su frustración del trabajo a su casa, se aconseja —y es muy importante— llegar de muy mal humor y siempre *muy cansado*. Esto le evitará compartir con su pareja labores en la casa, ayudar a los hijos con las tareas escolares, y sobre todo le ayudará a organizar trifulcas con los miembros de su hogar por cualquier cosa, argumentando el estrés que tiene por culpa del trabajo.

Gaste más de lo que gana y pida muchos créditos

Es evidente que no es de personas inteligentes el conformarse con gastar únicamente los escasos emolumentos que periódicamente percibimos por el trabajo. Continuamente vemos a nuestro alrededor coches lujosos, ropas caras, colonias que nos hacen más *sexys*, joyas que realzan nuestra belleza, objetos *exclusivos para personas como nosotros*, comidas y bebidas para paladares *exigentes como los nuestros*, ¿y a todo eso debe alguien renunciar por el pequeño detalle de que no puede pagárselo? Naturalmente que no. Además nuestra sociedad ha habilitado sabiamente los medios para que cualquier persona pueda disponer de todo el dinero que le haga falta para cubrir los gastos *de todas esas cosas imprescindibles que necesitamos y merecemos*. Por eso no debe desalentarse ante los inconvenientes que, en principio, podrían impedirle gastar todo el dinero que sea necesario para procurarse todos esos caprichos *que usted merece*. El hecho de que los préstamos deban de ser devueltos con el añadido de jugosos intereses nunca ha de ser óbice o excusa para firmar tantos préstamos como podamos o disponer de tantas tarjetas de crédito como los generosos bancos amablemente nos concedan.

Una meta que usted debe alcanzar es la de convertirse en un *comprador compulsivo*. Aunque usted no lo crea, es algo realmente fácil de conseguir, todo consiste en comprar y comprar todo tipo de cosas, aunque es especialmente importante que esas cosas no le sirvan absolutamente para nada útil. Hay que olvidarse de consumir aquello que es realmente necesario, pues el verdadero profesional de la compra compulsiva fija sus gastos en cosas innecesarias y preferentemente caras. Si usted se pregunta ¿y que compro? no deje que ni un instante la duda lo asalte pues la respuesta es que todo sirve para gastar más y más dinero. Por ejemplo, usted es de secano y en la vida le han interesado los barcos, pero si en televisión anuncian un coleccionable para hacerse el Titanic a piezas en cinco años, usted debe inmediatamente entusiasmarse con la idea y suscribirse sin demora al coleccionable, y ya una vez en faena, puede usted coleccionar cualquier cosa insólita que vendan en fascículos: botones, sacacorchos, palanganas, uniformes de funcionarios de correos del siglo XIX, miniaturas de orinales, la colección de CDs con todas las canciones de los festivales de Eurovisión desde sus inicios, boinas del mundo, etc.

Naturalmente, esto es solo una idea, pues es evidente que es mucho mejor para arruinar su vida económica hacer grandes gastos y dejar las menudencias de los coleccionables o los productos de la teletienda solo como algo secundario o como forma de entrenamiento.

Por ejemplo los coches son una fuente magnífica de grandes gastos. Todo ha de empezar con la compra de ese modelo de automóvil que debe de tener todos los extras, un motor ultra potente y docenas de accesorios de los más caros. Es decir, el coche que usted merece y necesita y, por supuesto, debe de ser bien grande y caro.

Es cierto que las marcas pierden el tiempo ofreciendo cada vez mayor seguridad y comodidades en sus modelos, pero donde esté un buen equipo de sonido de última generación con ocho altavoces, que se quiten un montón de ABS, y si las marcas no ofrecen el verde pistacho entre su gama de colores, usted lo remedia pagándolo de su propio bolsillo como extra. Y nada de motores económicos y duraderos de baja contaminación, un profesional del gasto precisa un coche potente acorde a su personalidad con el que pueda salir el primero en los semáforos, ponerlo a 180 en un periquete, contaminar lo más posible y que garantice un consumo elevado. Si además, el coche precisa reparaciones continuas, mejor que mejor. Tenga presente que le ha de ser indiferente el hecho de que usted nunca sale de su barrio y que hace más de veinte años que no visita el campo, da igual, un buen cuatro por cuatro con tracción a las cuatro ruedas es lo que usted realmente necesita siempre que antes no se haya inclinado por un deportivo incómodo, de enorme consumo y repuestos carísimos.

No olvide tampoco que los coches muy revolucionados duran menos, y que una conducción *agresiva* garantiza un más rápido deterioro de las piezas, pues de este modo usted tiene la oportunidad de llevar muy a menudo su coche al taller y pagar sus abultadas facturas, eso sin contar con que el seguro le saldrá mucho más caro.

Tampoco debe menospreciar la ropa como fuente de grandes gastos. Afortunadamente la sociedad ha inventado la moda lo cual posibilita que cada año debamos cambiar todo el armario. Para los ciudadanos que habitan en países con estaciones, la situación se torna magnífica, pues usted debe multiplicar por cuatro ese gasto. Si se compró el año anterior un traje excelente que se ha puesto solo dos veces pero que no tiene aberturas en la chaqueta, no dude en tirarlo y comprar rápidamente otro con aberturas tal como manda la moda del año en curso. Si tiene otro traje con tres botones, a la basura también, pues vuelven los trajes con dos botones, y así sucesivamente. Si se llevan los jerseys de pico, tire los del año anterior de cuello cerrado. Si tiene abrigo, compre chaquetón, si tiene gabardina lisa, ahora la moda es con cinturón, si los pantalones tienen pinzas, no se preocupe que deberá arrinconarlos y comprar sin pinzas. En este campo las mujeres son mucho más afortunadas pues sus oportunidades de gasto en ropa se multiplican pues ahí sí que la moda avanza mucho más rápido. Si una mujer se esfuerza y pone determinación y empeño, puede gastar mucho dinero en ropa prácticamente todos los días y sin ningún esfuerzo ya que la oferta es enorme y diversa (gozan de la ventaja añadida de la ropa interior, aunque nosotros estamos mejorando mucho en calzoncillos).

Los productos de cosmética y belleza son otra oportunidad excelente de gastar dinero a chorros. Antes uno se lavaba la cabeza con un champú, ahora no debe ser jamás suficiente y olvídese de pasar un solo día sin aplicarse tres o cuatro cremas distintas. Este apartado es especialmente fabuloso sobre todo en lo referido a aquellas que son utilizadas por estrellas de cine que, aparentemente, parecen no necesitar cremas de ningún tipo.

Gastos en cosas como los llamados complementos o relojes no están mal pero hay que reconocer que se quedan pequeños al lado del verdadero rey: la tecnología y, especialmente, el rey de reyes: el móvil, ¿De verdad que hay alguien que no necesite el móvil de última generación? ¿Es posible afrontar la vida sin poseer el último y definitivo móvil que acaba de salir unas semanas después de que usted haya adquirido el penúltimo y ya obsoleto móvil? La respuesta es no y mil veces no. Y lo mismo puede valer para los videojuegos o las televisiones de plasma, ¿es posible que haya personas que puedan llamarse como tales que se priven de ver el *reality* de moda o el derby de fútbol en una gigantesca tele de plasma solo por el hecho de que son muy caras y que la que ya tienen se ve estupendamente? Nuevamente no y no. ¿Que luego hay que pagar los créditos? Ya vuelven los agoreros, los aguafiestas y los tristes. Ni se le ocurra hacer caso a esos pelmas. Usted disfrute de su cochazo, de su plasma y de su móvil de última generación, usted y los bancos, no se merecen menos.

Costumbrismo

Ocio

Acerquémonos ahora a la cotidianidad, a esos momentos que pueden parecer *menores,* pero recuerde que el día a día nos ofrece múltiples oportunidades para sacarnos de nuestras casillas y, lo mejor, sin apenas darnos cuenta pues la mayoría de las veces nos *pillan con la guardia baja.* Muchas veces la costumbre y las rutinas representan excelentes oportunidades de fastidiarnos.

Buscar el disfrute del ocio en sus diferentes modalidades es una de las formas más populares de arruinarse la vida, tal vez no de un modo ni profundo ni definitivo, pero sí suficiente como para alcanzar unos niveles de cabreo muy interesantes. La clave reside en el hecho de que la expectativa sea siempre muy superior a lo que es lógico esperar en cada situación concreta. Es bueno tener presente que la sociedad nos ha proporcionado oportunidades que en el pasado no hubiésemos tenido en cuenta; valga como ejemplo las compras que, para la mayoría de los mortales resultaban imprescindibles pero tediosas, en cambio ahora, las compras, de modo incomprensible, van unidas al ocio en un binomio que parece definitivo y, si tiene dudas respecto a esta afirmación, basta para comprobarlo acudir a uno de los múltiples y extraordinarios centros comerciales a ser posible durante los fines de semana. También contamos con las necesarias y ansiadas vacaciones que nos exigen viajar para conseguir el anhelado descanso y desconectar de la asfixiante rutina cotidiana. Aquí se nos presentan dos opciones a cual mejor. La primera es pasar las vacaciones en un lugar *familiar de los de toda la vida*. La segunda, más moderna y sofisticada, es la de visitar cualquier país exótico y lejano. Con esta segunda opción, usted podrá luego epatar a sus conocidos narrándoles las mil y una peripecias que sin duda le acaecieron y, muy importante, mostrarles las tres mil fotos que sacó por muchas señales de hastío que muestren cuando hayan visto *solo* las quinientas primeras. Pero no se engañe, arruinar debidamente sus queridas vacaciones no es tan fácil como parece como no lo es tampoco conseguir que unas sencillas compras se conviertan en una experiencia penosa, por ello usted debe estar muy atento a las recomendaciones que va a leer a continuación teniendo presente que, además, debe esmerarse en mantener siempre una actitud negativa unida a una imprescindible falta de criterio. Empecemos por las...

Las vacaciones en lugares exóticos

Vaya de vacaciones a sitios repletos de gente y caros, donde sea muy difícil descansar. La mejor opción es apuntarse a costosos viajes organizados a países exóticos (procure que le pierdan las maletas y que le den la habitación sin agua en un hotel donde *acaba de estropearse* el aire acondicionado). La perfección se alcanza contrayendo una severa diarrea (mejor con fiebre) que le posibilite permanecer en el retrete de la habitación el mayor tiempo posible de sus vacaciones. Si el lugar no es lo suficientemente caro, puede solventar dicho inconveniente gastando mucho dinero en *recuerdos* inútiles y feos. Para adquirirlos es mejor que vaya a esos bazares *concertados* donde tendrá la seguridad de que le estafarán vendiéndole alguna cosa muy por encima de su precio y que además no podrá pasar por la aduana. También el exceso de peso le ocasionará múltiples ventajas a la hora de facturar. Otra excelente opción son las *excursiones organizadas*. Esta si que es una solución magistralmente concebida para convertir cualquier vacación en una experiencia lamentable. De entrada ya está garantizado un buen madrugón y el andar en danza hasta la tres de la mañana que es la hora a la que se vuelve siempre de estas excursiones. A esto hay que añadir un zurrón de horas en autobús al que inevitablemente se le estropea el aire acondicionado a los dos minutos de ponerse en ruta.

Como gran parte del trayecto se hará por caminos impracticables llenos de polvo, será imposible abrir las ventanas por lo que una buena lipotimia es bastante fácil de conseguir además de procurar el correspondiente mareo con sus vómitos incluidos. Pero el infierno no ha hecho más que comenzar. Después de bajarse del autobús, el amable guía nos invitará a acudir a un lugar con *unas vistas maravillosas* desde donde podremos hacer cientos de fotos. Lógicamente al maravilloso lugar hay que ir andando y *siempre* cuesta arriba. De este modo el paseo se convierte en una caminata interminable con cuarenta grados a la sombra capaz de deshidratar a un camello.

A media cuesta ya habrán tenido que ser asistidos más de la mitad de los excursionistas, pero esto no merma un ápice el entusiasmo del guía que a la voz de *ya queda poco*, estimula a los desfallecidos supervivientes que solo aguantan movidos por la esperanza de encontrar al final algo de sombra y un vaso de agua fresca. En la cima, solo una de las expectativas se ve recompensada. No hay ni una sombra, pero un kiosco minúsculo provee a los deshidratados excursionistas de botellas pequeñas de agua a 6 euros cada una(al cambio). Como no están frías, cada excursionista compra 6 o 7 botellas pidiéndose dinero prestado los unos a los otros. Un poco más allá se divisa un paisaje marino hermoso de los que en cualquier costa española se ven por todas partes, aunque la diferencia estriba en que en *los países exóticos,* está todo mucho más sucio. Sin embargo hay unas ruinas un poco más lejos de alto valor histórico e interés cultural incluidas en el folleto del viaje. Los excursionistas, acosados por unos niños que han salido a decenas del kiosco con el fin de venderles postales antiguas del lugar, miran con odio al guía cuando este les informa que en realidad lo que es *realmente* valioso de la excursión es la visita a las ruinas pero que se ha realizado esta *breve* parada para disfrutar de la magnífica vista.

Entonces el guía informa al grupo que *si* se desea podemos visitar las ruinas que están muy cerca, pero que o bien se ha de escalar a brazo por los acantilados, o son otras tres horas de autobús porque para ir por carretera hay que dar un buen rodeo. La otra opción es ir a comer a un sitio estupendo con aire acondicionado y dejar las ruinas *para otra ocasión*.

El grupo decide que, efectivamente, *es mucho mejor ir a comer*. Obviamente, aquellas magníficas y extraordinarias ruinas, no serán ya jamás visitadas por los excursionistas, que han jurado por sus antepasados no volver a poner los pies en el exótico país. Una vez bajada la cuesta, hay que esperar una hora más al sol al conductor del autobús, que *se ha ido a comer y se ha llevado las llaves*. Nadie se pregunta entonces por la razón de que el conductor se haya ido a comer cuando el grupo precisamente va a recrearse con las delicias gastronómicas del país en un restaurante *típico y buenísimo*. Todo el mundo repara en este detalle, *después* de haber salido del restaurante. Como era de esperar, el aire acondicionado *también* se había estropeado en el restaurante justo por la mañana, pero nuestro grupo de excursionistas, a esas horas ya hambrientos, dan poca importancia a este incidente menor a la espera de la irrepetible experiencia gastronómica que les aguarda.

En efecto, pocas experiencias son tan intensas como las vividas en *los restaurantes típicos de países exóticos visitados en excursiones organizadas (R.T.P.E.V.E.O.)* El hecho de que uno no sepa en absoluto que diablos le están poniendo de comer es solo el inicio de la vivencia. Al rato, cuando te han informado que la bebida va aparte y la música típica en directo te tiene ya de los nervios, es cuando te entran ganas de visitar el retrete. Por algún motivo todavía inexplicado, los lavabos están siempre indefectiblemente al lado de las cocinas, lo que te da la oportunidad de observar, mientras miccionas, tanto como se desenvuelven los cocineros como las condiciones higiénicas de los alimentos.

Los excursionistas hacen de tripas corazón y les suele dar por la bebida (que jamás está fría) por lo que al final deben pagar una abultada factura. Por fin llega el momento de salir del restaurante con unos CDs en la mano de la música típica con la que te han alegrado la comida durante tres horas. Los CDs están mal grabados y al excursionista le parece que es la misma canción todo el rato, pero eso no evita que el amable guía te informe con su mejor sonrisa de que no están incluidos en el precio y que ya te lo cobrará junto a la propina más adelante. El guía entonces comunica al grupo que hay dos opciones: una es ir a visitar el museo según estaba previsto en el folleto de la excursión, pero como los turistas han alargado excesivamente la comida y el museo cierra dentro de media hora *a lo mejor* es preferible no ir. En todos los grupos hay los consabidos aguafiestas que la toman con el guía y le dicen que "nosotros hemos pagado para ver las ruinas y el museo", por lo que el mentado, haciéndose el ofendido, dice que de acuerdo, pero que habrá que ir andando subiendo enormes cuestas ya que el museo está en el barrio antiguo y por allí no cabe el autobús. Naturalmente, los turistas más afectados por la insolación anterior se niegan en redondo a subir otra cuesta a pleno sol, por lo que se origina un agrio debate del que se ausentan el guía y el conductor que se van a tomar algo a la sombra durante la discusión. Cuando regresan, el portavoz del grupo —suele ser un notario— pregunta al guía cuál es la otra opción. Éste contesta *que si quieren* pueden ir al mejor bazar de la zona a comprar artesanía y recuerdos típicos a mitad de precio y que además el establecimiento acepta tarjetas de crédito. Obviamente los excursionistas se apuntan en masa a la visita del bazar —salvo los aguafiestas que protestan— que lógicamente es el más caro del país. Una vez cargados de bolsas enormes llenas de recuerdos espantosos, suben otra vez al autobús el cual después de estropearse durante dos horas —es solo un "calentón"— deja a los excursionistas de nuevo en las puertas del hotel después de una jornada turística *inolvidable*.

Las vacaciones en la playa nacional *de toda la vida*

El primer e importantísimo precepto para pasar unas vacaciones *nacionales* realmente inolvidables es el de tomarlas inexcusablemente en agosto. De este modo nos garantizamos unos precios mucho más elevados y que todo esté repleto de gente. Como todavía quedan algunos lugares moderadamente vacíos en agosto, es básico que usted acuda a un centro de veraneo *de los de toda la vida* para asegurarse que todo esté completamente abarrotado.

Naturalmente el viaje debe hacerse en coche saliendo el día uno, procurando acertar con la hora precisa que nos procure un atasco de varias horas. No debe olvidar que el coche tiene que ir repleto preferiblemente de bultos grandes que imposibiliten el poder meterlos en el maletero, ya que esto, aparte de la incomodidad, con un poco de suerte nos proporcionará una elevada multa de la Guardia Civil por haberlos atado mal en la baca sin contar que el coche de este modo gasta más combustible y las posibilidades de accidente son más elevadas. La perfección se eleva si después de catorce horas de atasco, el apartamento que usted ha alquilado realmente no corresponde en absoluto a lo que le habían prometido. Aquí un buen cabreo está asegurado pero, como es agosto, las posibilidades de cambio no existen y usted deberá subir los siete pisos *a pata* cargado con la hamaca y la sombrilla todos los días de sus vacaciones. El hecho de no tener ascensor es solo una de las características de todo apartamento de verano que se precie a la hora de gozar de unas vacaciones estupendas. Otro factor fundamental es que sea muy ruidoso especialmente por las noches. En este campo las opciones son enormes: diversos grupos de vecinos que regresan borrachos entre las 2 y las 6 de la mañana a intervalos regulares o tener las ventanas muy cerca de donde se reúnen hasta que amanece una pandilla de jóvenes con motos sin tubos de escape, tener el apartamento al lado de la discoteca más concurrida de la zona y que se caracteriza por tener los altavoces de graves más potentes del mundo, tener el dormitorio a dos metros de la carretera más transitada de la costa...

Otro elemento en apariencia menor pero que garantiza unas excelentes dosis de felicidad es que no funcionen bien ni la ducha ni la cisterna del baño, y que la nevera se estropee al tercer día.

Pero todo esto no debe ser para usted suficiente. Debe prometerse acudir a la playa todos los días a la hora de más calor. Eso lo obligará a tomar una de estas cuatro opciones: Una) bañarse en el agua caldosa junto a multitudes mientras evita los pelotazos y embestidas de los energúmenos Dos) Permanecer encogido debajo de la sombrilla rebozado de arena y estando muy atento al movimiento de la tierra respecto al sol. Tres) Pasear por la playa sorteando niños que nos salpican y guardándose de que no te aticen con una pala de madera. Cuatro)

Tumbarse al sol y que sea lo que Dios quiera para despertarse con dolorosas quemaduras que durarán todo el veraneo.

Si aun todo esto no colma su felicidad, cuenta con la inolvidable experiencia de buscar un sitio para comer. Ha de estar muy concentrado para procurar buscar restaurante siempre entre dos y tres de la tarde. De este modo de asegura más de una hora de espera con la posibilidad de estar a pie firme al sol aguardando mesa, o pasar a la barra a gastarse un dineral en refrescos y patatas para los niños y aperitivos y cervezas para los adultos. Cuando por fin tenga mesa, no tendrá hambre debido a los aperitivos, pero no debe arredrarse y usted debe pedir paella mixta, ensalada y sangría, pues ya el camarero se encargará por su cuenta de colocarle unos chopitos y unos mejillones. Lo excelente es que el lugar elegido disponga de raciones de chopitos grasientos, mejillones pequeños insípidos, paella con el arroz muy pasado y la sangría con mucho hielo y vino muy malo. Como postre, los helados de los niños deben ser muy caros y el café con hielo deben tardar una eternidad en traerlo ya con el hielo derretido.

Obviamente debe prepararse a pagar un precio descomunalmente elevado en relación a la calidad de la comida y el servicio, pero como está de vacaciones… Naturalmente si algún descerebrado le sugiere alguna otra opción para vacaciones, bien se refiera a fechas o lugares, ni se le ocurra escucharle. Recuerde que, de toda la vida, esas han sido, y deben seguir siendo, las auténticas y divertidas vacaciones de siempre y que, desde luego, no hay ningún buen motivo para cambiar la rutina.

Vaya a cenar en pareja a un sitio de moda y caro

A la hora de acudir a una cena romántica con su pareja es muy importante prescindir de los restaurantes tranquilos y que a buen precio le ofrezcan comida bien elaborada y sabrosa servida por camareros amables. Lo ideal para arruinar una velada es elegir un restaurante de moda y muy caro que haya que reservar con meses de antelación. Es insustituible la experiencia de acudir a dicho establecimiento y comprobar como te ignoran durante veinte minutos hasta que logras explicar a una señorita antipática que *tú* ya tenías reserva.

Obviamente es fundamental conseguir que te pongan en el peor sitio de la sala(es mejor junto a los baños desde donde puedes percibir un incalificable aroma a ambientador barato) ya que la incomodidad la tienes garantizada con las irrepetibles *sillas de diseño* que lograrán provocarte un magnífico dolor de riñones durante toda la noche.

Llega el momento de mirar la carta y corroborar que, efectivamente, el restaurante es muy caro, pero como al fin y al cabo no entiendes nada de los nombres de los platos, puedes confiar en la ilusión de que te den algo estupendo. En cuanto a los vinos, estos son más caros todavía pero, si recuerdas, es muy importante seguir las modas y elegir un caldo de esos que no conoces pero del que has oído hablar mucho y que, como es lógico, es de los que tienen el precio más elevado. Todo ello a pesar de que tú, raramente, tomas vino pero en un sitio como ese no vas a pedir una cerveza, ¿o sí?

Otros veinte minutos después debe aparecer un jefe de sala que te tomará la comanda con cara de perdonarte la vida. Tu puedes empeorar la situación preguntando al *maitre* que son los "gazpachos de cochinillo con fondo caldoso de culis de ortigas" pues él te contestará mirando a otro lado que "*son* unos gazpachos de cochinillo que *van* sobre un fondo caldoso de culis de ortigas". Ahora hay que sumar otra media hora hasta que un camarero apresurado y con gesto de mala leche te *tire* el plato sobre la mesa esparciendo los gazpachos encima de tus pantalones nuevos. Obviamente el camarero te pedirá disculpas y veinte minutos después se personará con un spray con el que rociará generosamente la mancha consiguiendo que cuando llegues a casa tengas que tirar la prenda.

Otro elemento que perjudica mucho la situación es el hecho de que no puedes hablar ni una palabra con tu pareja debido al insoportable ruido del restaurante de moda al que se suma una *música de fondo* a todo volumen. Pero no debes preocuparte en absoluto ya que como los gazpachos de cochinillo no hay ser humano que se los coma y el segundo plato de "higadillos trufados al aroma de los berberechos de ría con guarnición de calabaza escalfada en sus propios jugos" no se le puede mirar siquiera sin sentir escalofríos, pasarás después de otra media hora al postre de "sorbete de alcachofas con tiramisú de olivas de Jaén" y luego a un café frío y con sabor a medicina.

Una vez concluido el banquete, el camarero muestra una mayor celeridad en traer la cuenta tal vez para presenciar con deleite como a los clientes se les muda el color de la faz al poner los ojos en el montante final, intentando además no descomponer la figura y que no se note que estás a punto de desmayarte.

Antes de marcharte debes ir al cercano baño para confirmar que no hay papel higiénico ni jabón de manos y que el secador eléctrico no funciona. Ya por fin, podrás abandonar el restaurante de moda después de dar jugosas propinas al del guardarropa —que te dio ocho abrigos antes de encontrar el tuyo— y al aparcacoches que te dejó la primera velocidad metida y el asiento y los retrovisores descolocados.

¿Se puede pedir más a una velada romántica para que sea inolvidable?

Diviértase aunque no tenga ganas

Es maravilloso comprobar como nuestra sociedad actual ha habilitado mil y un modos para que los ciudadanos no dejemos de divertirnos ni un momento. Mañana, tarde y noche y durante los 365 días del año. Entretenimiento y diversión están hoy al alcance de cualquier persona y sería de locos alejarnos ni por un momento de esas enormes y diversas oportunidades de disfrute. La primera ventaja es que tenemos la diversión en casa al alcance de un botón: la pequeña pantalla nos ofrece horas y horas de disfrute, diversión y, para los más selectos, hasta programas *delicatessen* donde se analizan todos los matices de la psicología y la antropología humanas llevadas al límite en experiencias de convivencia vigilada entre personas seleccionadas por sus aptitudes y valores para mayor edificación y ejemplo de los espectadores, especialmente entre los más jóvenes.

El deporte y sus valores tampoco quedan al margen. Compañerismo, respeto entre el vencedor y el vencido, deportividad…etc., son factores que vemos día a día priorizarse sobre la búsqueda de la mera polémica o de la idea de poner una gravedad artificial sobre asuntos irrelevantes con el fin de que resulten noticiables. También, en este ámbito del deporte, para mayor disfrute y regocijo de todos, acaba de instalarse sólidamente el mundo de las apuestas capaz de ofrecer a los ciudadanos horas y horas de diversión ante la posibilidad de jugarse el dinero en locales ubicados por todas partes y con gran cantidad de deportes a disposición a la hora de apostar. Esta política de poner la diversión al alcance de todo el mundo ya tuvo su popularización con la magnífica idea de poner máquinas tragaperras hasta en el último rincón de cualquier población a fin de que jugarse el dinero no quedase solo para las minorías elitistas que frecuentan los casinos, sino que fuera una posibilidad de disfrute asequible a todos. Pero volviendo a la diversión, obviamente cines, teatros, conciertos o parques de atracciones siguen estando ahí y son aptos para todos los públicos y para cualquier ocasión, pero el arte de convertir la diversión en amargura debe de pasar por no conformarse con diversiones *aburridas* y, sobre todo, no debe de haber ningún momento sin diversión. Ya hemos visto que la tele es excelente para lograr estar siempre divertidos, pero ¿y si por cualquier motivo no hay a mano una tele? Todos sabemos y disfrutamos de la gran noticia de esta época: la aparición del **móvil** en nuestras vidas.

Este pequeño aparatito, originalmente destinado a sustituir el viejo aparato con cables, nos ha cambiado la vida a todos pues con él ya jamás podrá haber un solo momento de aburrimiento en la existencia de una persona. Televisión, cine, música, juegos, vídeos, noticias (da igual que sean falsas)…todo guardado en nuestro bolsillo y disponible siempre. ¿Alguien había soñado con algo así?;

si sospecho que puedo aburrirme dos minutos en el metro: móvil; si estoy en clase o en el trabajo (recuerde el decálogo): móvil; si estoy en el cine, en un concierto o viendo la tele: móvil también; si estoy cenando con los amigos o la pareja: móvil; en urgencias: móvil; visitando un lugar hermoso: móvil (para el *selfi*)…

Atrás quedan los tiempos pasados en los que jóvenes y maduros iban a lugares oscuros, llenos de humos, con sonidos estridentes producidos por máquinas (algunos lo llamaban música *electrónica*) y en los que daban bebidas de garrafón llamados discotecas; ahora también se va, es cierto, pero todo el mundo sabe que únicamente para *ligar* pues para divertirse ya está el móvil. A poco que observe, ¿se le ocurre alguna diversión en la que no esté presente ya el móvil? Bueno, no quería hablar de eso… pero cama y *selfies* ya empiezan a ir de la mano y siempre se puede consultar alguna novedad del Kamasutra al señor *google* mientras se pone en *youtube* el último vídeo de la canción de moda del *reggaeton* (sí, parece cierto que hay determinadas personas que lo escuchan) y sí, también, se puede apostar con el móvil. En cuanto a que exista una peligrosísima adicción llamada ludopatía, nuestras autoridades, muy sabiamente, la categorizan en el mismo rango del alcoholismo, es decir, es el ciudadano el que, en el derecho y uso de su libertad, decide lo que hace al respecto según su libre albedrío y está en su libertad convertirse o no, en un adicto. El porqué no pasa esto con el *porro* queda a la explicación de las autoridades que consideran a los ciudadanos adultos y responsables para beber o jugar lo que les de la gana, pero no lo son a la hora de fumarse un *canuto*. Tal vez, las autoridades, en su sabiduría, manejen datos que desconocemos y que no guardan ninguna relación con los altos impuestos que se cobran por el alcohol y el juego.

Dejo de lado el vínculo que en el pasado —y aun lo establecen muchas personas— había entre diversión, alcohol y sustancias. Como ya comentamos, fijar bien en la mente el *mantra* de " si no bebo o no voy fumado o esnifado no me divierto" es algo tan obvio a la hora de arruinar una vida que no le hemos dedicado a estas adicciones más atención que la imprescindible pues su ejercicio continuado alcanza su fin de modo y manera que las demás prescripciones quedan al margen por insuficientes ante la potencia del binomio alcohol-sustancias como vías maestras del auto perjuicio físico y psíquico.

A pesar de todas las ventajas que el móvil nos ofrece, de las que he descrito aquí solo unas pocas, esté muy atento a los agoreros y aguafiestas que ya empiezan a hablar de los *inconvenientes* del móvil empezando por sus *posibles* efectos nocivos para la salud o porque puede convertirse en una nueva adicción peligrosa.

Por último, usted nunca debe de decir no a ninguna fiesta o *sarao* a la que pueda acudir aunque no tenga ganas. Olvídese del descanso o de otro tipo de bienestar o entretenimiento que no requiera *excitación* ni tenga la expectativa de una experiencia *alucinante*; la diversión es lo primero y lo último, para ello vale todo y si hay que sacrificar descanso, tiempo o salud, recuerde la máxima de que la vida son *tres días* y hay que aprovecharlos. Y si esto no suficiente, recuerde que tiene la oportunidad de...

Viva la vida a través de la pantalla (televisión, ordenador o móvil)

Si ya sabemos que un móvil puede ser la fuente definitiva de diversión, no nos podemos quedar solo con ese uso pues este aparatito tiene la extraordinaria capacidad de *desconectarnos* de la vida. Voy a ponerles un ejemplo que ya empieza a extenderse por todas partes. Imagínese que contrata un viaje carísimo a Japón durante el que tendrá magníficas oportunidades de conocer lugares increíblemente hermosos y de vivir experiencias únicas; pongámonos en el momento en el que tiene delante un templo sintoísta o una bella cascada; es justo ahora cuando usted **no** debe de mirar lo que tiene delante de los ojos sino utilizar el móvil para que, a través de él, mirar el templo o la cascada; dicho esto, es mejor todavía darle la espalda al susodicho templo o a la mentada cascada con el fin de sacarse el *selfie* de rigor estando muy atento a sonreír, a atusarse el pelo y la ropa o hacer el signo de la "v" con los dedos esperando el momento adecuado en el que no pase nadie por el medio. Con todas esas tareas a las que estar muy atento, usted debe de ignorar las explicaciones y recomendaciones del guía y perderse los detalles reseñables que hacen único el lugar; solo cuando usted haya hecho las trescientas fotos necesarias para sus redes sociales se podrá dedicar a realizar la visita pero como ya ha transcurrido una hora desde que llegaron, es el momento de darla por concluida. De este modo usted podrá regresar de Japón con 3000 fotos pero habiéndose perdido mil y una pequeñas experiencias sensoriales y mentales que no habrá vivido, ni ya las vivirá, mientras las hacía. Y, volviendo al *selfie,* si usted es de los que gustan de la notoriedad sin mérito, recuerde la práctica del *selfie peligroso* en el que pueda poner en riesgo su vida a cambio de una foto que, seguramente, no importará a nadie pero que le permitirá sentirse importante frente a su propia mediocridad e inseguridad.

Como comentamos al principio, las relaciones humanas son difíciles pero, afortunadamente, ahora disponemos de las redes sociales para prescindir de ellas y crear unas nuevas que nos eviten los *riesgos* que conllevan las interacciones personales reales. Además, con un poco de experiencia, detrás de una pantalla de ordenador podemos ampararnos en el anonimato para mostrar al mundo lo peor de nosotros mismos o engañar a los demás a través de perfiles falsos que oculten nuestras miserias y carencias. Por tanto, usted debe de participar activamente en todas las redes posibles dedicando mucho tiempo a intervenir en cualquier debate creando polémicas artificiosas o informando a todos sus contactos de los más nimios e insignificantes detalles de su cotidianidad suponiendo falsamente que a alguien puede interesarle lo que usted desayuna o como se llama su gato.

Si toda esa actividad le roba tiempo para su descanso, su ocio, sus estudios o su trabajo, mejor para usted y para su logro de alcanzar una vida miserable desconectada de la realidad. Además recuerde que el anonimato, debe de motivarlo para llenar la red de insultos y para volcar su rabia y odio a diestro y siniestro mientras participa en debates sobre los que no tiene ni idea o de los que carece de la menor información suficiente como para aportar una opinión sólida. Si esto no le parece bastante, otra opción es la de hacer correr por las redes todo tipo de mentiras y falsedades disfrazándolas como si fueran verdades. Los objetivos pueden ser diversos: dañar a otras personas, crear confusión, etc., cualquier motivo vale con tal de que usted viva su triste y falsa vida en las redes y no participar de la verdadera realidad de la existencia.

Compras

Volvamos de nuevo al mundo real y, puede parecer mentira, pero ir de compras, especialmente en Navidades o en rebajas, es una actividad capaz de convertirse en una magnífica oportunidad de amargarse la existencia y lograr que un episodio cotidiano, en principio *neutro,* se transforme en una experiencia calamitosa. Veamos el retrato de una situación común que ejemplifica aquello que debemos de intentar que ocurra cuando vayamos de compras.

✔ **CONSEJO** ———————————————————

Vaya a comprar en horas punta a grandes centros comerciales

Esta es una de las cosas más formidables que ha inventado el ser humano para lograr hacer su vida más *feliz.* Primero debe de asegurarse de ir a un centro comercial que le garantice que, para llegar, ha de *comerse* un buen atasco. A la magnífica experiencia de dar catorce vueltas en el aparcamiento hasta lograr encontrar un sitio donde poder meter el coche se añade la singular aventura de conducir el carrito metálico en medio de multitudes que, como posesas, se afanan en golpearte la parte baja de las canillas a la menor ocasión que tienen.

Claro que todo esto es mucho mejor si antes has recorrido sucesivas plantas del centro comercial hasta hallar a alguien que te cambie *para la moneda del carrito*. Una vez en posesión de dicho artilugio, se trata de llenarlo hasta los bordes de cosas que no hagan ninguna falta comprar y que además sean bien caras. Las posibilidades que ofrecen los supermercados en este campo son casi ilimitadas: desde sopas magrebís "a la grasa de carnero adulto", hasta paquetes de cuatro pares de calcetines verdes fosforescentes. Esto se debe a que las cosas útiles y normales han sido ya arrasadas, y justo llegas en el momento en que otro tipo se lleva la última caja de leche que *si* te hacía falta y *si* estaba bien de precio. Obviamente la sopa magrebí y los calcetines cuestan una *pasta*, pero como tienen el rótulo mágico de "oferta" te dan ganas de coger otros seis sobres de sopa y otros tantos paquetes de calcetines, cosa que no haces, *porque no hace falta gastar a lo tonto.*

Cuando por fin el carro no hay quién lo mueva y ya has llenado los últimos huecos con cuatro cartones de zumo de pera y chirimoya —de ese que no hay ser humano que se lo tome— (el de naranja se agotó) es el momento cumbre de dirigirse a la caja registradora. Aquí lo importante es acertar con esa cola precisa que en apariencia es más corta, pero cuya lentitud es de tal calibre que podrás perder una enorme cantidad de tiempo valioso viendo como las otras colas avanzan mucho más rápido.

Cuando por fin llegas junto a la amable cajera, es imprescindible que hayas elegido una buena cantidad de productos sin precio, de este modo la espera se alargará más y más, alcanzando su punto culminante cuando la simpática cajera deba pasar doce veces la tarjeta de crédito hasta que la máquina la acepta. Como con toda seguridad la ideal cajera se habrá equivocado al marcar cualquier producto, habrá que esperar aun más tiempo para "hacer el abono" y pasar la tarjeta de nuevo. Ya en el aparcamiento podrás disfrutar la inolvidable experiencia de pasar por el cajero automático para convalidar el ticket. Para ya perder definitivamente los nervios, lo mejor es que justo la última persona (suele ser una señora de la tercera edad) que tienes delante decida meter en la dichosa máquina un billete arrugado. Como la operación se tornará irrealizable, la buena señora —para la cual el tiempo es una dimensión desconocida— buscará en su enorme bolso un monedero que se resiste tenazmente a ser encontrado. Las personas de las otras colas hace rato que ya deben estar en su casa, pero como tú estás *justo detrás*, te obstinas en no abandonar tan privilegiada posición, pues piensas que *ya debe estar acabando*. Gran error, la señora no acaba nunca. Ahora va poniendo las monedas que no se le caen al suelo en la ranura, pero llega el momento crucial de que se le han acabado las monedas y todavía falta por pagar una parte. Como tú solo tienes el dinero justo, te dan ganas de tirarte al suelo para recoger por ti mismo el dinero tirado por la señora, pero temes perder la posición ganada en la que ya llevas media hora de reloj. La señora intenta ahora que la máquina le devuelva las monedas introducidas ignorando la pobre que ninguna máquina ha devuelto jamás un céntimo, pero ella porfía en darle al botón una y otra vez con un ímpetu y vigor impropios de su edad, de tal modo, que termina rompiendo la máquina. De esta manera, y después de unos segundos de estupor, no te queda más remedio que cambiar por fin de fila a otra mucho más larga cosa que haces sintiéndote el ser más estúpido del planeta. Cuando tres cuartos de hora más tarde has logrado pagar el ticket llega el gran momento de arrastrar el carro por todas las plantas del aparcamiento tragando humo mientras te acuerdas de donde pusiste el coche.

Es entonces cuando te das cuenta que el único producto que *realmente* tenías interés en comprar, se ha quedado entre el caos de bolsas, sobres de sopa magrebí y calcetines que se forma según la cajera va tirando los artículos registrados al montón. Por fin, el cansancio acumulado junto a los nervios, te dan la oportunidad de tener una buena bronca con tu pareja. Obviamente, esa oportunidad no debe ser desaprovechada bajo ningún concepto. A los insultos que recibas de *inútil* y *patoso*, tú debes de contraatacar con todo lo que se te ocurra, siendo muy aconsejable en estas circunstancias el hacer alusiones lo más desagradables posibles a su madre aunque esto no venga a cuento. Como magistral colofón, se recomienda introducir las bolsas en el maletero del modo más violento posible —hay que recordar que uno debe a esas alturas estar bien cabreado— de tal suerte que la botella de cristal con la etiqueta de "Vinagre italiano al perfume de romero", se rompa en mil pedazos y esparza su carísimo contenido por toda la compra alcanzando la moqueta del maletero que ya olerá a vinagre para los restos.

Pero recuerde que todo esto es solo alcanzable si usted se esmera en que coincidan los días y horas de máxima concurrencia de público. Si usted va un día de diario a una hora poco frecuentada y con una lista ya confeccionada que facilite la compra, es más que posible que ningún acontecimiento antes narrado pueda ocurrir y no es eso lo que queremos.

Al contrario, profundice en la experiencia y un último consejo: no olvide Navidades, Reyes y rebajas bajo ningún concepto. Disfrute garantizado.

...Y terminamos con unos consejos finales

Vamos acercándonos al final y terminamos con algunos consejos muy útiles que no han sido tratados en los apartados anteriores. A estas alturas usted ya habrá comprendido el riesgo que implica el pararse a reflexionar pausadamente sobre su estilo de vida aunque solo scan unos minutos. Ni por un instante se le ocurra hacerlo; yo le diré qué puede suceder: que tenga un ataque de sensatez y que decida implementar algunos cambios en su existencia. Si por desgracia esto ocurriera, no se preocupe demasiado. Es preciso que no olvide que cambiar no es tan fácil como parece.

Lo primero es que requiere comprensión y cierta inteligencia; lo segundo es que se precisa también determinación, voluntad y, a veces, hasta coraje; lo tercero es que la inercia de su antigua conducta y de los patrones mentales ya instalados en su mente pueden encargarse, muchas veces por sí mismos, de abortar cualquier impulso de cambio. Pero por si acaso usted flaquea en su obstinación de continuar una vida de auto perjuicio le dejo unas recomendaciones finales tremendamente valiosas a la hora de lograr cumplidamente su objetivo.

Huya de cualquier cosa que pueda ser buena para usted. Prefiera siempre la excitación, la ansiedad y el estrés.

Busque nuevas e inexploradas formas de excitación que creen buenas dosis de ansiedad, de este modo, logrará que cuando la excitación acabe al ser consumada, su mente quede en un estado de ansiedad expectante ante la perspectiva de una dosis nueva de excitación creando así un círculo vicioso del que es muy difícil salir. La tranquilidad, el placer sosegado, la paz interior y otras ñoñerías por el estilo deben ser para otros, no para usted. Debe procurar que sea la condición reactiva ante la excitación la que gobierne su vida. A nuestro alrededor, el mundo nos ofrece una fuente inagotable de posibilidades. Usted puede lograr sentirse excitado por casi cualquier cosa y sentirse motivado para conseguirlo.

Valgan algunos ejemplos muy valorados y divulgados, de un modo tal, que ocultan su condición de inalcanzables pues solo existen en el imaginario social del consumo y de la vanidad: el mundo del lujo y del glamour, la fama y el triunfo sin méritos, el sexo idealizado y fantasioso, las experiencias sensoriales al límite… Por otro lado, la excitación y la ansiedad pueden ayudarnos a conseguir como compañero un inapreciable y magnífico estrés capaz de generarnos una vida realmente desdichada y un excelente deterioro de la salud.

Obviamente muchas cosas de las mencionadas no son en esencia negativas por sí mismas, pero nuestra actitud ante ellas pueden conseguir que lo sean sin demasiado esfuerzo. Solo se trata de que el *qué* quede subordinado al *cómo* y que ese cómo quede apartado de cualquier código ético y moral y que, sobre todo, pueda convertirse en una fuente de frustración, envidia o resentimiento, o lo que es mejor, todo junto.

Lo importante es que los manidos "valores" se queden siempre fuera de nuestra conducta. Es determinante comprender el *todo vale* y aplicarlo sin ningún remordimiento ni duda. No olvide que con el correcto entrenamiento, su mente y su conciencia pueden justificar cualquier conducta del *todo vale* y darle la vuelta a cualquier situación. Recuerde que sus deseos deben ser órdenes para usted y que debe de intentar satisfacerlos caiga quien caiga y que si el que ha de caer es usted mismo, pues mucho mejor.

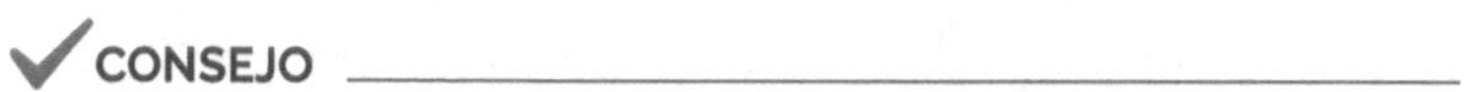

✔ CONSEJO

Cultive la codicia

Ser codicioso es cierto que puede reportarle ciertas ventajas a la hora de acumular dinero, sobre todo si se aúna a esta condición la tacañería y el egoísmo lo cual, para algunas personas, parece ser el único y principal objetivo de sus vidas. Sin embargo está demostrado que codicia y egoísmo son capaces de proporcionar a un ser humano unos lentos, pero constantes y profundos, sentimientos capaces de amargar todo tipo de existencia por muy estúpido o duro de corazón que sea una persona, o ambas cosas que, a menudo, suelen ir juntas.

Usted debe olvidar que se puede ganar dinero sin ser codicioso, sin necesitar aprovecharse de nadie, sin engañar ni abusar de nadie, pero dejemos la sana conducta de las buenas personas de lado y vayamos a lo que nos interesa. Dado que del egoísmo ya hemos hablado anteriormente y que es una fuente prácticamente imprescindible para ejercitar la codicia, es bueno recordar que solo el egoísmo no es suficiente.

Para alcanzar la condición de codicioso usted debe de pensar en el dinero mañana, tarde y noche y hacer de ello la motivación principal de su existencia. La idea es que usted vincule en su mente el binomio dinero-felicidad suponiendo que no pueden existir lo uno sin lo otro. En caso de que pueda surgirle alguna duda en este punto, recuerde que en esta sociedad que hemos construido, el dinero, además, le proporcionará poder y el poder, amigo mío, sobre todo frente a los demás, tiene un atractivo y una capacidad de seducción formidables, ¿va usted a resistirse?

Recuerde además que si usted no tiene carisma ni ningún tipo de atractivo o talento valioso, el dinero se lo proporcionará frente a la sociedad. Si su valor humano es prácticamente nulo, da igual, frente al mundo, el dinero hará de sustitutivo y usted gozará de un estatus que le hará sentirse superior y le permitirá olvidarse de sus carencias como ser humano. Es una realidad incontestable que el dinero puede comprarlo todo y que, a más dinero, más cosas se pueden comprar. Tal vez no se puedan comprar ni un amor ni una amistad verdaderas pero recuerde lo que leyó al principio sobre los sucedáneos. Con buen dinero seguro que se pueden comprar excelentes sucedáneos del amor o de la amistad y además ¿para qué puede tener alguien interés en la amistad o el amor teniendo dinero?

Por tanto, cultive la codicia hasta el extremo de convertirse en un miserable incapaz de sentir ni comprender ni las necesidades emocionales propias ni las ajenas.

✓ **CONSEJO** ______________________________

Prefiera la fantasía y asegúrese de sentirse siempre
frustrado.

La fantasía siempre ha sido una excelente solución para escapar de la realidad. Si la realidad es nuestra enemiga, fantasía; si la realidad es regular; fantasía; si nuestra realidad es razonablemente buena, también fantasía. Este sencillo precepto, a pesar de su aparente simplicidad, produce unos resultados excelentes pues procura un fruto que, si bien ya lo logramos en otras áreas de la vida, con la fantasía lo conseguimos de un modo muy fácil, me refiero a la obtención de la **frustración**.

Como bien sabemos, gestionar adecuadamente la frustración no es tarea fácil para nadie. Desde la primera infancia, el ser humano se enfrenta al hecho desagradable de que sus deseos y expectativas no se cumplen en la medida que querría. El resultado: frustración y, con ella, decepción y enojo. Aprender a gestionar la frustración requiere comprensión frente a uno mismo y los demás y precisa de un carácter maduro capaz de aceptar la realidad. Por esto, para arruinar cualquier vida, es imprescindible alcanzar grandes cotas de frustración, ¿y de qué modo podemos utilizar la fantasía para frustrarnos? He aquí unas buenas ideas:

- Lleve la fantasía a sus relaciones sexuales. Idealízalas todo lo que pueda y en todos los sentidos posibles. Cuando alcance la frustración (muy sencilla de conseguir), vaya más allá y obsesiónese con el sexo. La excelencia se alcanza si es capaz de llegar a sufrir una patología.

- Fíjese objetivos y expectativas inalcanzables que esté seguro de no poder cumplir. La frustración está garantizada.

- Imagine conspiraciones internacionales sumamente elaboradas que le puedan ofrecer una explicación a sus fracasos personales o a los de su colectividad. Si usted está gordo es porque el "gobierno oculto" le mete cosas en la comida y no porque usted se atiborra de grasas a la menor ocasión.

- Use la fantasía de culpar y responsabilizar siempre a los demás y nunca a sí mismo. Es otra forma magnífica de tapar sus fracasos. Para ello lo mismo vale el gobierno que un vecino o un jefe o un "amigo". Dado que siempre son ellos los culpables, intente cambiarlos, como no lo logrará, frústrese mucho.

- Desconfíe de todo el mundo siempre. Este precepto es básico para nunca tener una pareja que merezca la pena ni para tener jamás verdaderos amigos. Fantasee con la idea de que todo el mundo está contra usted. Frustración garantizada.

- Recuerde que la belleza y lo bueno —ética y estética— van unidas de la mano. Por tanto, opte siempre por lo peor y rodéese de todo lo feo y huya de cualquier cosa que lo vincule con el sentimiento de sublimidad. Al final, su vínculo con lo feo y lo peor, terminará procurándole buenas dosis de frustración.

- Desaproveche cualquier oportunidad que la vida le ofrezca. Muchas veces la vida nos da la oportunidad de abrirnos a nuevos horizontes y experiencias y, ante situaciones así, practique la desconfianza anteriormente mencionada o el miedo ante cualquier tipo de cambio que ha de contemplar siempre de modo muy negativo fantaseando con la idea de que nuevas perspectivas positivas no son posibles. Si le asaltan dudas, recurra a la extraordinaria y fantástica sentencia de "más vale malo conocido que bueno por conocer".

- Use su fantasía para ser capaz de convertir un incidente en un inconveniente, un inconveniente en un estorbo, un estorbo en una dificultad, una dificultad en una adversidad, una adversidad en un problema y un problema en algo ya irremediable e irresoluble.

- No haga aprecio de nada de lo bueno que le rodea; bien sea disponer de salud, de una condición económica estable, de un entorno familiar, social o laboral sano, etc. Nunca debe de reparar en ello y ha de poner toda su energía, atención, deseos y fantasías en lo que no tiene.

Y hemos llegado al final, usted debe de comprender que esto es solo un pequeño resumen y que cada cual, con sus propias aptitudes y actitudes, ha de conseguir alcanzar su meta. No es fácil, lo sé, la opción de la positividad y la natural inclinación humana al bienestar *real*, antesala de la felicidad, no debe de confundirnos. Por fortuna, la sociedad actual nos ha proporcionado escenarios y herramientas utilísimas a la hora de poder perjudicarnos por nosotros mismos: utilicémoslas sin dudar. Estamos rodeados de ejemplos y por todas partes surgen modelos a seguir, no los desaprovechemos. En su mano está qué camino transitar y cómo recorrerlo.

Solo se trata de discernir y elegir. Ojalá estas páginas le hayan sido útiles para optar adecuadamente.

La ilusión del control

Dejemos de lado ahora la ironía y el humor. Creo que todos los que se hayan acercado a estas páginas han podido verse retratados en un lugar u otro del libro, en una u otra actitud o comportamiento narrados. Todos, en mayor o menor medida, somos responsables de aquello que nos hace daño, de lo que nos perjudica, de lo que nos hace infelices. Obviamente, la tentación es siempre la de mirar hacia fuera, de mirar a los demás, en definitiva, de buscar siempre culpas ajenas. Y a esto hay que añadir el miedo al cambio, a salir de nuestra zona de confort y seguridad. Pero hay algo que, además, nos corresponde comprender y es que **no tenemos el control de todo.**

Una de las fantasías más dañinas es la de creer que tenemos el control de las cosas o personas que nos rodean. Cambios sociales o económicos globales escapan a nuestro control, las conductas de los demás escapan a nuestro control, el que nos sobrevenga una enfermedad de repente escapa a nuestro control, que la empresa en donde trabajamos cierre y nos despidan escapa a nuestro control, y, así, la lista podemos ampliarla hasta donde queramos. Pero nos reconforta la sensación de que tenemos todo bajo control. Esta ilusión nos proporciona seguridad y nos aleja del miedo a lo que desconocemos, nos aleja del **miedo al cambio**. Nos gusta suponer que el futuro se adaptará a lo que ya conocemos y sabemos, más o menos, gestionar. Pero cuando la realidad se muestra en situaciones que escapan a nuestro control, es cuando necesitamos la **capacidad de adaptación.** Biólogos y antropólogos afirman que el éxito de la humanidad como especie ha residido en su capacidad de adaptación y que el desarrollo de su inteligencia tiene mucho que ver con esa habilidad adaptativa. Para muchos, eso significa que el ser humano tiene, de modo innato, esta capacidad natural. Pero todos tenemos, en contra, condicionantes culturales y sociales, inercias y rutinas, espacios de confort ya instalados que, en muchas ocasiones, se convierten en obstáculos que convertimos en insalvables. Pero, ¿hay *recetas universales* que nos puedan ayudar en esas situaciones? Personalmente, creo que no pero sí hay buenos consejos que nos pueden llevar a reflexionar sobre nuestra capacidad de adaptación y a encontrar claves que nos permitan explorar otros modos de afrontar la vida, de entender que, si no puedo tener control sobre *lo que ocurre*, si puedo tener control *sobre cómo lo afronto.*

He aquí algunos de los consejos más comunes y sencillos, que no fáciles, que pueden convertirse en herramientas útiles de comprensión.

— **Buscar e identificar las fuentes del propio malestar, conflicto interior o infelicidad.** Cuando tenemos un malestar o un dolor sabemos de dónde viene: del estómago, de una muela, de la cabeza… Esto es válido para el malestar anímico y no se puede abordar ningún problema si se desconoce su origen; así mismo, es importante actuar antes de que el malestar se convierta en infelicidad.

— **Saber en qué medida formamos parte del problema.** Si uno es capaz de ser medianamente sincero consigo mismo, debe de saber qué parte de responsabilidad tiene con respecto a cualquier problema o conflicto que padezca. Es decir, hasta que punto uno mismo forma parte del problema. Solo sabiendo esto, puede empezar la solución.

— **Buscar e identificar las fuentes del propio bienestar, paz interior o felicidad.** Del mismo modo, una persona debe de reconocer y buscar qué es aquello que le proporciona bienestar auténtico y paz interior. Solo con ellas el posible después encontrar la felicidad que, no lo olvide, es un estado interior, la mayoría de las veces, independiente de los entornos exteriores. Busque e identifique sus propias fuentes de bienestar y paz.

— **Saber en qué medida formamos parte de la solución.** Recuerde que usted *siempre* forma parte fundamental de la solución. Coraje, constancia, comprensión, propósito definido, positividad y paciencia son actitudes y aptitudes reconocidas y testadas como válidas y verdaderas a la hora de enfrentar cualquier problema y que nos posibilitan superarlo encontran do, además, una enseñanza que nos será muy útil para el futuro. Usted es la principal herramienta del cambio y, como dijo Einstein: "si quieres resultados distintos, no hagas siempre lo mismo".

Epílogo

El autor ha recurrido al humor y la ironía para hacer más amenas, o eso espero, las páginas que han leído y que, sin embargo tratan de cosas muy importantes que a todos nos conciernen pues están en la raíz de nuestras vidas. Espero que el humorismo, la ironía y la sátira no hayan ofendido a nadie, no era esa la intención. Se dice que hay una pseudofelicidad, nunca lograda, condicionada por lo que está fuera de nosotros; también se dice que hay otra real cuya fuente está dentro de nosotros mismos.

Naturalmente el exterior está conformado por *escenarios* altamente condicionantes con algunos más difíciles de gestionar que otros; no es lo mismo *lidiar* con una enfermedad grave o no poder disponer de unos mínimos recursos vitales que contar con un entorno vital favorable exento de problemas graves. Sin embargo, muchas veces la actitud que mostramos en entornos favorables es nociva frente a nosotros mismos y no reparamos *precisamente* en todo lo favorable que nos rodea, ¿la razón?, posiblemente no hay una única razón sino muchas: debilidad, miedo, falta de discernimiento, condicionantes educacionales o psicológicos, olvido de los valores que hacen a una persona mejor… sea como fuere, lo cierto es que muchas veces no necesitamos a nadie para que nos haga la vida peor: nos valemos por nosotros mismos.

Lo escrito solo tiene la intención de incitar a la reflexión, de invitar a mirar las cosas desde el otro lado del espejo. Por último, he mencionado los valores; ya sé que es una palabra desprestigiada y manoseada hasta la nausea, pero si algo define al ser humano son precisamente esos valores que siguen siendo los mismos para cualquier cultura, religión o creencia: sinceridad, generosidad, empatía, tolerancia, respeto, búsqueda del bien común… y una larga lista de otros muchos valores más que todos podríamos incluir en ella.

Antiguamente se hablaba de "buenas personas" para definir a aquellos que reunían algunos de esos valores y los ponían en práctica. Hoy parece que estamos faltos de ellas o, tal vez, permanecen discretamente en un segundo plano ante el ímpetu de aquellos que, perjudicándose a ellos mismos, nos perjudican a todos y que parecen haber ganado la partida.

Vivimos una época en la que las palabras son más importantes que los hechos y que la mera formulación de una idea parece que invalida el llevarla a cabo. Nos sobran palabras, ideologías, doctrinas y discursos y, sin embargo, nos faltan personas, las mejores personas. Personas con buenos sentimientos, con miras altas, inteligentes, generosas, eficaces, sensatas, sencillas y que, en vez de hablar de valores, los llevan a su vida diaria. Y empezamos a necesitar con urgencia a esas buenas personas que tanta falta nos hacen, no sea que el mundo se nos termine yendo de las manos. Dios no lo permita.

Patrocinio

EDITATUM

Esta es la página destinada a ofrecer al lector y a los medios de comunicación, todos los datos e información sobre el patrocinador de este libro.

Puede contener su logo, una breve reseña de su actividad o producto e incluye los contactos web, de correo y telefónico.

Además, el patrocinador figurará en el espacio correspondiente en la contraportada del libro. Este patrocinio figurará en todas las sucesivas ediciones de la obra si éstas se produjeran.

Si desea recibir información sobre el patrocinio de los GuíaBurros puede dirigirse a la web:

www.editatum.com/patrocinio

Autores para la formación

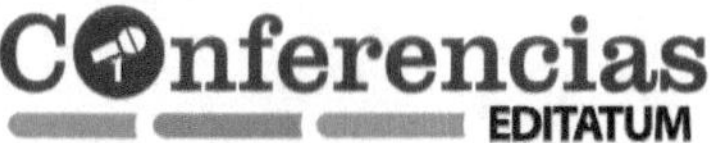

Editatum y **GuíaBurros** te acercan a tus autores favoritos para ofrecerte el servicio de formación GuíaBurros.

Charlas, conferencias y cursos muy prácticos para eventos y formaciones de tu organización.

Autores de referencia, con buena capacidad de comunicación, sentido del humor y destreza para sorprender al auditorio con prácticos análisis, consejos y enfoques que saben imprimir en cada una de sus ponencias.

Conferencias, charlas y cursos que representan un entretenido proceso de aprendizaje vinculado a las más variadas temáticas y disciplinas, destinadas a satisfacer cualquier inquietud por aprender.

Consulta nuestra amplia propuesta en **www.editatumconferencias.com** y organiza eventos de interés para tus asistentes con los mejores profesionales de cada materia.

EDITATUM

Libros para crecer

www.editatum.com

Nuestras colecciones

Guías para todos aquellos que deseen ampliar sus conocimientos sobre asuntos específicos, grandes personajes, épocas, culturas, religiones, etc., ofreciendo al lector una amplia y rica visión de cada una de las temáticas, accesibles a todos los lectores.

Guías para gestionar con éxito un negocio, vender un producto, servicio o causa o emprender. Pautas para dirigir un equipo de trabajo, crear una campaña de marketing o ejercer un estilo adecuado de liderazgo, etc.

Guías para optimizar la tecnología, aprender a escribir un blog de calidad, sacarle el máximo partido a tu móvil. Orientaciones para un buen posicionamiento SEO, para cautivar desde Facebook, Twitter, Instagram, etc.

Guías para crecer. Cómo crear un blog de calidad, conseguir un ascenso o desarrollar tus habilidades de comunicación. Herramientas para mantenerte motivado, enseñarte a decir NO o descubrirte las claves del éxito, etc.

Guías prácticas dirigidas a la salud y el bienestar. Cómo gestionar mejor tu tiempo, aprenderás a desconectar o adelgazar comiendo en la oficina. Estrategias para mantenerte joven, ofrecer tu mejor imagen y preservar tu salud física y mental, etc.

Guías prácticas para la vida doméstica. Consejos para evitar el cyberbulling, crear un huerto urbano o gestionar tus emociones. Orientaciones para decorar reciclando, cocinar para eventos o mantener entretenido a tu hijo, etc.

Guías prácticas dirigidas a todas aquellas actividades que no son trabajo ni tareas domésticas esenciales. Juegos, viajes, en definitiva, hobbies que nos hacen disfrutar de nuestro tiempo libre.

Guías para aprender o perfeccionar nuestra técnica en deportes o actividades físicas escritas por los mejores profesionales de la forma más instructiva y sencilla posible.

Coaching

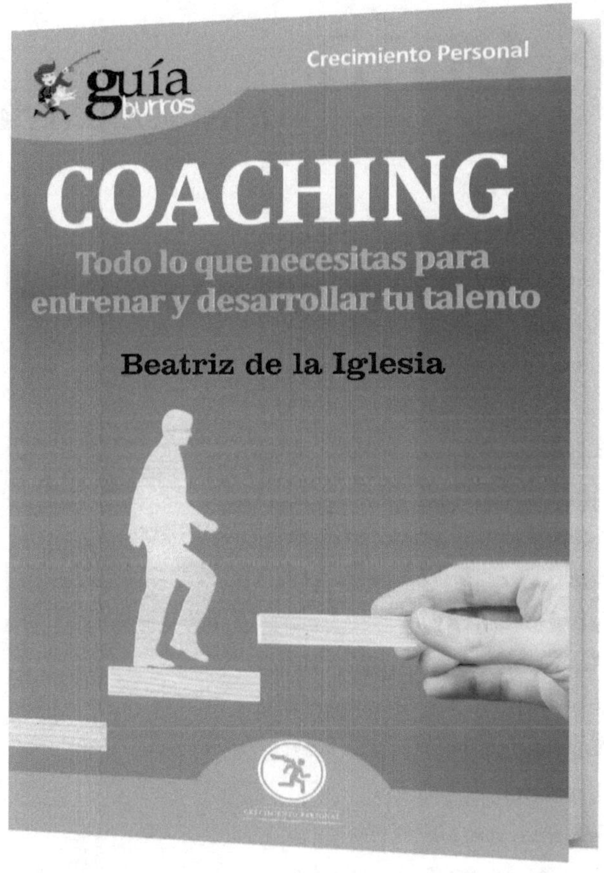

GuíaBurros Coaching es una guía con todo lo que necesitas para entrenar y desarrollar tu talento.

+INFO

http://www.coaching.guiaburros.es

Música clásica

♫úsica Clásica

Para los que aún no saben que les gusta la Música Clásica

Edgar Martín

Ilustraciones: Carmelo Caatrad

GuíaBurros Música clásica es una guía básica para los que aún no saben que les gusta la música clásica

+INFO

http://www.musicaclasica.guiaburros.es

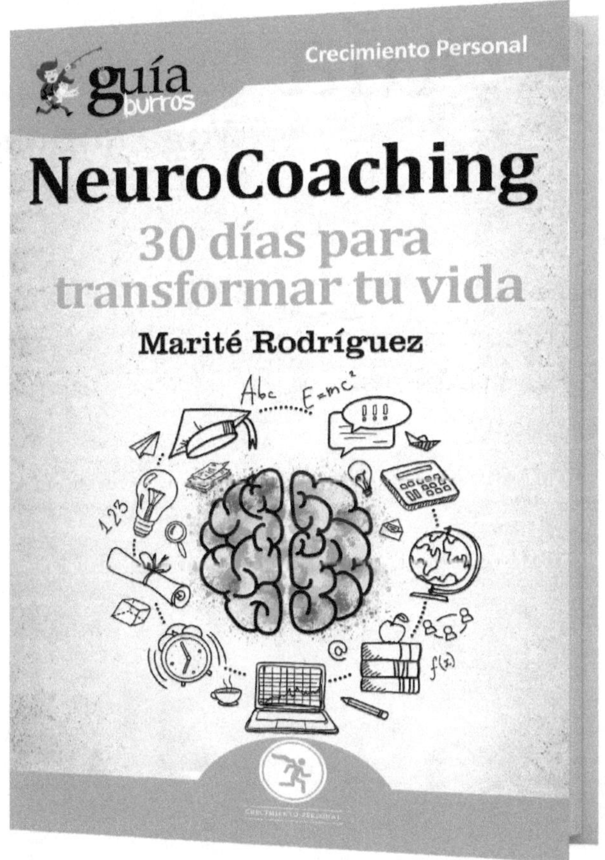

GuíaBurros Neurocoaching es una guía básica con todo lo que debes saber para transformar tu vida en 30 días.

+INFO

http://www.neurocoaching.guiaburros.es

Yoga con calor

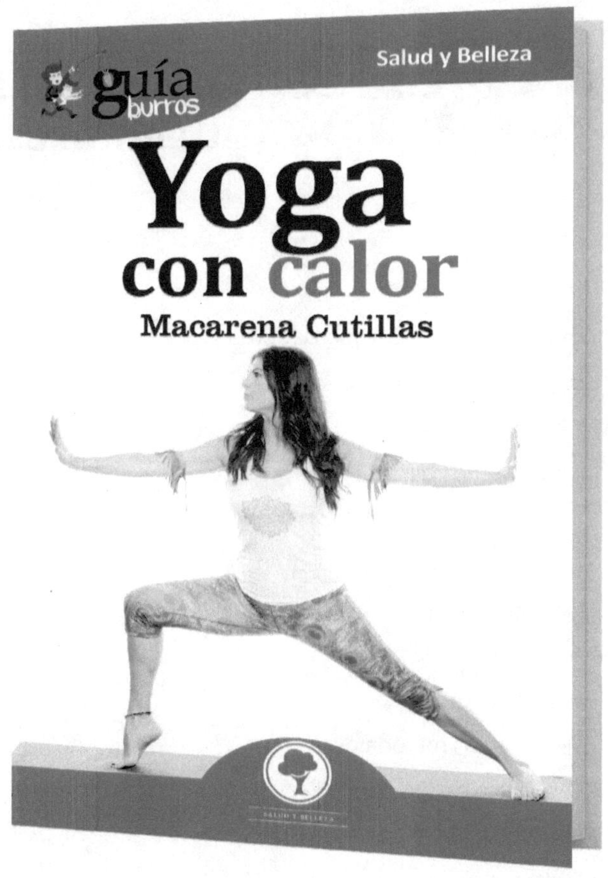

GuíaBurros Yoga con calor es una guía básica con todo lo que debes saber sobre esta práctica.

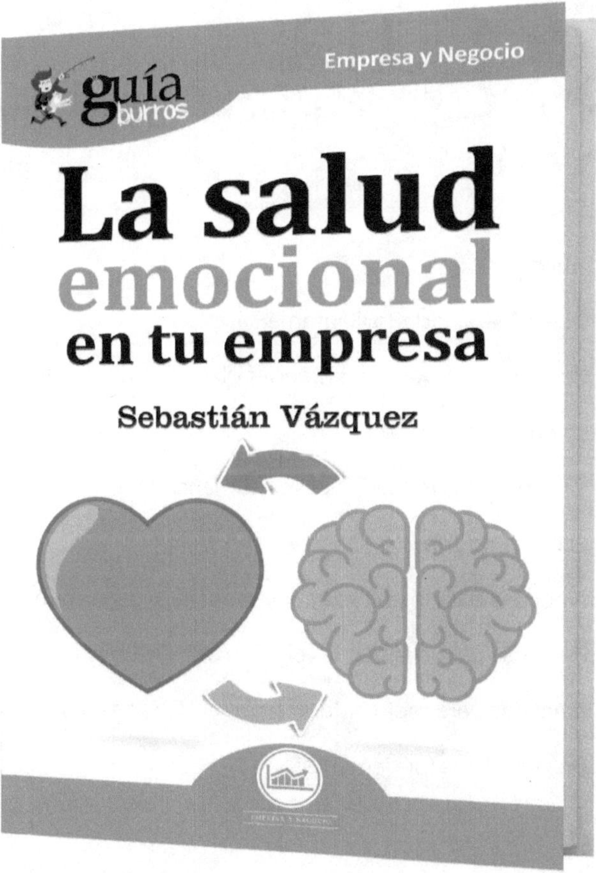

GuíaBurros La salud emocional en tu empresa es una guía básica con todo lo que debes saber para crear un buen clima laboral.

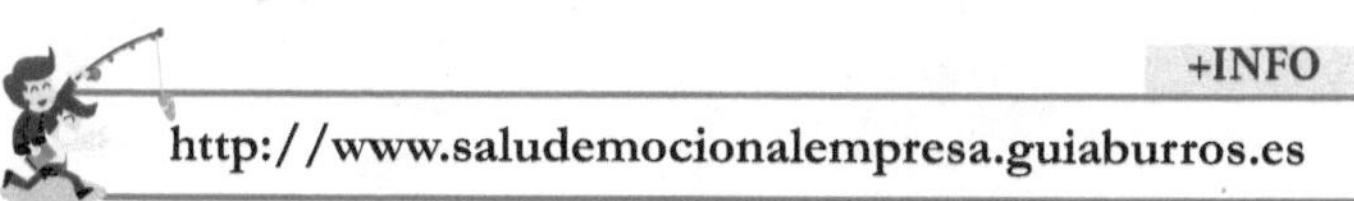

Budismo

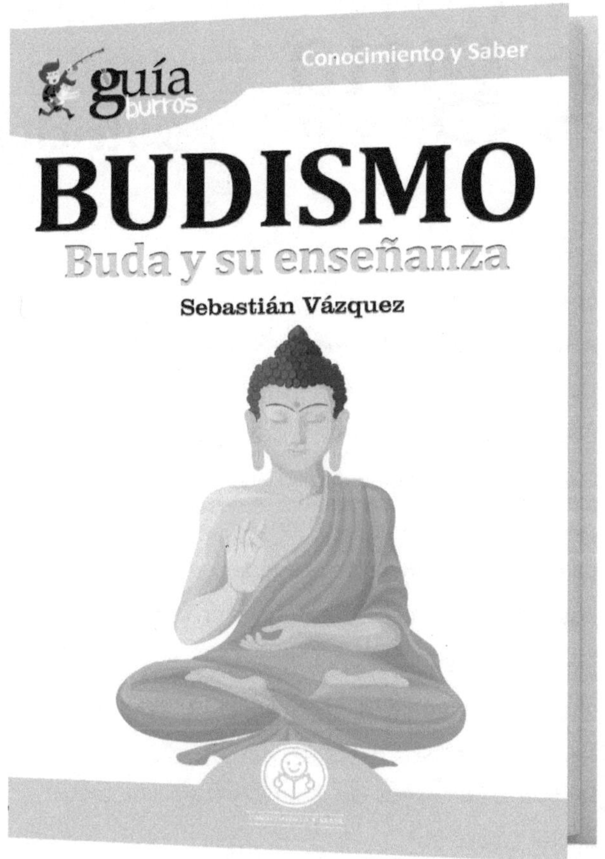

GuíaBurros Budismo te enseñará todo lo que debes saber sobre Buda y cómo hacer que forme parte de tu vida.

+INFO

http://www.buda.guiaburros.es

Nutrición

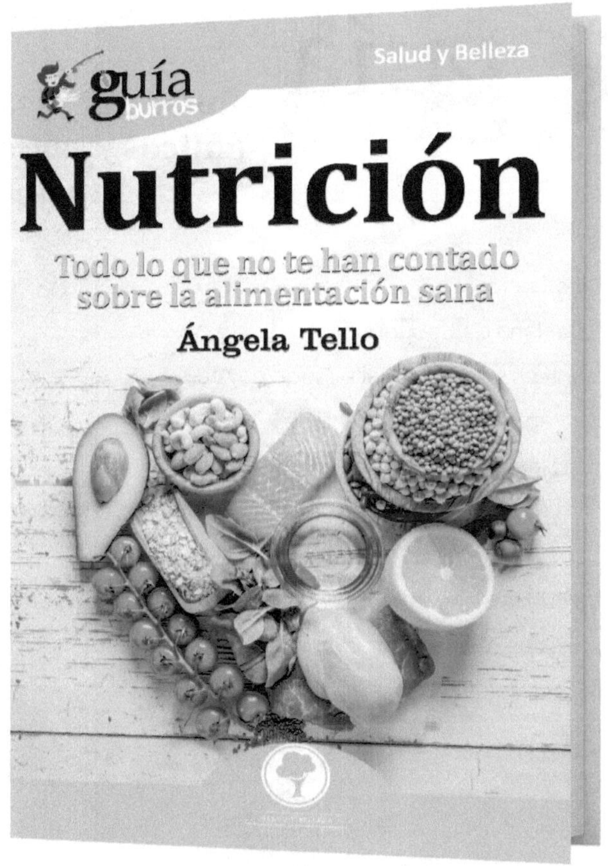

GuíaBurros Nutrición es una guía básica
con todo lo que no te han contado sobre la
alimentación sana.

 **Rutas por lugares míticos y sagrados de España**

- Pico Sacro
- La anjana de Cabuérniga
- Gentiles y señores del bosque de Ataun
- El dragón de Sant Llorenç del Munt
- La cueva de Río Escondido
- Hércules y gigantes en el Moncayo
- Las tradiciones de la hoz del río Gritos
- La cueva de Neptuno y la Azohía
- La serpiente de Montánchez
- Mitos esotéricos en la sierra de Aracena

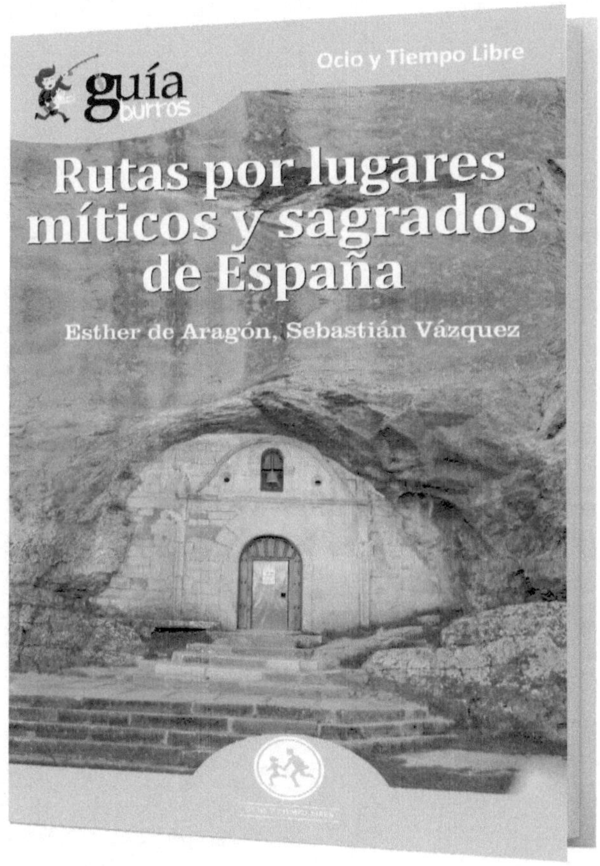

GuíaBurros Rutas por lugares míticos y sagrados de España es una guía para descubrir enclaves míticos que no aparecen en las guías de viajes

+INFO

http://www.rutas.guiaburros.es